DIREITO ADMINISTRATIVO

organização **LEONARDO CASTRO**

série manuais de direito

JÚLIA GOMES

Copyright © 2023 by Editora Letramento
Copyright © 2023 by Júlia Gomes

Diretor Editorial Gustavo Abreu
Diretor Administrativo Júnior Gaudereto
Diretor Financeiro Cláudio Macedo
Logística Daniel Abreu e Vinícius Santiago
Comunicação e Marketing Carol Pires
Assistente Editorial Matteos Moreno e Maria Eduarda Paixão
Designer Editorial Gustavo Zeferino e Luís Otávio Ferreira
Organizador Leonardo Castro
Coordenador Editorial Marcelo Hugo da Rocha

Conselho Editorial Jurídico

Alessandra Mara de Freitas Silva	Edson Nakata Jr	Luiz F. do Vale de Almeida Guilherme
Alexandre Morais da Rosa	Georges Abboud	Marcelo Hugo da Rocha
Bruno Miragem	Henderson Fürst	Nuno Miguel B. de Sá Viana Rebelo
Carlos María Cárcova	Henrique Garbellini Carnio	Onofre Alves Batista Júnior
Cássio Augusto de Barros Brant	Henrique Júdice Magalhães	Renata de Lima Rodrigues
Cristian Kiefer da Silva	Leonardo Isaac Yarochewsky	Salah H. Khaled Jr
Cristiane Dupret	Lucas Moraes Martins	Willis Santiago Guerra Filho

Todos os direitos reservados. Não é permitida a reprodução desta obra sem aprovação do Grupo Editorial Letramento.

Dados Internacionais de Catalogação na Publicação (CIP)
Bibliotecária Juliana da Silva Mauro - CRB6/3684

G633d   Gomes, Júlia
Direito administrativo / Júlia Gomes ; organizado por Leonardo Castro. - Belo Horizonte : Letramento, 2023.
220 p. ; 23 cm. - (Série Manuais de Direito)
Inclui bibliografia.
ISBN 978-65-5932-325-8
1. Direito administrativo. 2. Administração pública. 3. Licitação. 4. Legislação. I. Castro, Leonardo. II. Título. III. Série.
                            CDU: 342.9
                            CDD: 342

Índices para catálogo sistemático:
1. Direito administrativo
2. Direito administrativo

LETRAMENTO EDITORA E LIVRARIA
Caixa Postal 3242 – CEP 30.130-972
r. José Maria Rosemburg, n. 75, b. Ouro Preto
CEP 31.340-030 – Belo Horizonte / MG
Telefone 31 3327-5771

É O SELO JURÍDICO DO
GRUPO EDITORIAL LETRAMENTO

APRESENTAÇÃO

De acordo com um dos dicionários online mais populares, o Dicio, *manual* compreende um "compêndio, livro pequeno que encerra os conhecimentos básicos de uma ciência, uma técnica, um ofício". A escolha do nome da série, portanto, não foi aleatório, ao contrário, traz em cada um dos volumes a premissa de apresentar um conteúdo mínimo, sem ser superficial, que todo o acadêmico de Direito precisa saber sobre as temáticas apresentadas.

A experiência editorial que nos cabe, depois de publicar mais de 100 livros jurídicos, aponta que o leitor nunca esteve tão interessado a consultar um material objetivo, didático, sem muita enrolação e que memorize as informações desde da primeira leitura. Ninguém deseja desperdiçar tempo com o irrelevante, não é? A partir deste contexto, reunimos professores especialistas em suas áreas e com muita prática em sala de aula para que os principais e mais relevantes temas estejam bem explicados nestas páginas.

A série não foi pensada, exclusivamente, para quem deseja enfrentar provas da OAB e de concursos, mas que preparasse para qualquer desafio que fosse levado pelo seu leitor, seja em seleções, seja em avaliações na faculdade. Com a organização do experiente professor Leonardo Castro, a **Série Manuais** promete um aprendizado além de sinopses e resumos. Bons estudos!

MARCELO HUGO DA ROCHA

Coordenador editorial.

NOÇÕES INTRODUTÓRIAS

13 O ESTADO E SUAS FUNÇÕES

13 PODERES DO ESTADO

14 FUNÇÃO ADMINISTRATIVA

15 ADMINISTRAÇÃO PÚBLICA

15 SISTEMAS ADMINISTRATIVOS

15 CONCEITO

16 SISTEMA FRANCÊS

16 SISTEMA INGLÊS

16 COMPETÊNCIA PARA LEGISLAR

17 FONTES DO DIREITO ADMINISTRATIVO

17 LEI

17 DOUTRINA

17 JURISPRUDÊNCIA

17 COSTUMES

18 PRINCÍPIOS GERAIS DO DIREITO

REGIME JURÍDICO ADMINISTRATIVO

20 PRINCÍPIO DA LEGALIDADE

21 PRINCÍPIO DA LEGALIDADE E RESERVA DA LEI

21 PRINCÍPIO DA IMPESSOALIDADE

23 PRINCÍPIO DA MORALIDADE

23 PRINCÍPIO DA PUBLICIDADE

25 PRINCÍPIO DA EFICIÊNCIA

25 PRINCÍPIOS INFRACONSTITUCIONAIS

26 PRINCÍPIO DA RAZOABILIDADE E DA PROPORCIONALIDADE

26 PRINCÍPIO DA MOTIVAÇÃO

27 MOTIVAÇÃO ALIUNDE

27 TEORIA DOS MOTIVOS DETERMINANTES

27 PRINCÍPIO DA ISONOMIA

28 PRINCÍPIO DA AUTOTUTELA

ORGANIZAÇÃO ADMINISTRATIVA

32 INTRODUÇÃO

32 CENTRALIZAÇÃO E DESCENTRALIZAÇÃO

32 DESCONCENTRAÇÃO

33 ADMINISTRAÇÃO DIRETA

34 ÓRGÃO PÚBLICOS

35 CLASSIFICAÇÃO DOS ÓRGÃOS

35 QUANTO À POSIÇÃO ESTATAL

35 QUANTO À ESTRUTURA

35 QUANTO À ATUAÇÃO FUNCIONAL

35 ADMINISTRAÇÃO INDIRETA

36 AUTARQUIAS

36 CARACTERÍSTICAS

37 AGÊNCIAS REGULADORAS

38 QUARENTENA

39	FUNDAÇÕES PÚBLICAS		41	SOCIEDADES DE ECONOMIA MISTA
40	FUNDAÇÕES PÚBLICAS DE DIREITO PÚBLICO		42	CARACTERÍSTICAS
40	FUNDAÇÕES PÚBLICAS COM PERSONALIDADE JURÍDICA DE DIREITO PRIVADO		43	EMPRESAS SUBSIDIÁRIAS E EMPRESAS CONTROLADAS
40	EMPRESAS ESTATAIS		44	LEI DAS EMPRESAS ESTATAIS
41	EMPRESAS PÚBLICAS			

PODERES ADMINISTRATIVOS
46

46	ABUSO DE PODER		50	AVOCAÇÃO DE COMPETÊNCIA
47	TREDESTINAÇÃO LÍCITA		50	PODER DISCIPLINAR
48	PODER VINCULADO E PODER DISCRICIONÁRIO		50	PODER DE POLÍCIA
48	CLASSIFICAÇÃO DOS PODERES		52	POLÍCIA ADMINISTRATIVA X POLÍCIA JUDICIÁRIA
48	PODER REGULAMENTAR (PODER NORMATIVO)		52	ATRIBUTOS DO PODER DE POLÍCIA
49	PODER HIERÁRQUICO			

ATO ADMINISTRATIVO
54

54	SILÊNCIO ADMINISTRATIVO		56	IMPERATIVIDADE OU COERCIBILIDADE
54	ELEMENTOS DOS ATOS ADMINISTRATIVOS		57	EXIGIBILIDADE
55	COMPETÊNCIA		57	AUTOEXECUTORIEDADE
55	FINALIDADE		57	TIPICIDADE
55	FORMA		58	FASES DE CONSTITUIÇÃO DO ATO ADMINISTRATIVO
55	MOTIVO			
56	OBJETO		58	CLASSIFICAÇÃO DOS ATOS ADMINISTRATIVOS
56	ATRIBUTOS DO ATO ADMINISTRATIVO		58	QUANTO AO GRAU DE LIBERDADE
56	PRESUNÇÃO DE LEGITIMIDADE		58	QUANTO ÀS PRERROGATIVAS
			59	QUANTO À FORMAÇÃO

59	QUANTO AOS EFEITOS	61	EXTINÇÃO DOS ATOS ADMINISTRATIVOS
59	QUANTO À FORMAÇÃO E EFICÁCIA	61	REVOGAÇÃO
60	ESPÉCIES DE ATOS ADMINISTRATIVOS	62	ANULAÇÃO
		63	CASSAÇÃO
		63	CADUCIDADE

LICITAÇÕES PÚBLICAS

65	CONSIDERAÇÕES INICIAIS	74	LEILÃO
66	ABRANGÊNCIA DA LEI 14.133/2021	74	PREGÃO
		76	DIÁLOGO COMPETITIVO
67	INAPLICABILIDADE DA NOVA LEI DE LICITAÇÕES	76	FASES DA LICITAÇÃO
68	PRINCÍPIOS DA LICITAÇÃO	77	FASE INTERNA OU PREPARATÓRIA
68	PRINCÍPIO DA COMPETIVIDADE	77	CONCEITO
69	PRINCÍPIO DA VINCULAÇÃO AO EDITAL	77	ELABORAÇÃO DO EDITAL DE LICITAÇÃO
69	PRINCÍPIO DA IGUALDADE	78	PAPEL DOS ÓRGÃOS DA ADMINISTRAÇÃO
69	PRINCÍPIO DO JULGAMENTO OBJETIVO	79	APRESENTAÇÃO DAS PROPOSTAS
69	PRINCÍPIO DO SIGILO DAS PROPOSTAS	79	JULGAMENTO
70	PRINCÍPIO DA PUBLICIDADE E TRANSPARÊNCIA	80	HABILITAÇÃO
		80	ENCERRAMENTO DA LICITAÇÃO
70	PRINCÍPIO DA ECONOMICIDADE	80	CONTRATAÇÃO DIRETA
70	PRINCÍPIO DA SEGREGAÇÃO DE FUNÇÕES	81	INEXIGIBILIDADE DE LICITAÇÃO
70	TIPOS DE LICITAÇÃO	83	DISPENSA DE LICITAÇÃO
72	PRAZO MÍNIMO	87	LICITAÇÃO DISPENSADA
72	MODALIDADES LICITATÓRIAS	89	CREDENCIAMENTO
73	CONCORRÊNCIA	89	PRÉ-QUALIFICAÇÃO
73	CONCURSO	89	SRP – SISTEMA DE REGISTRO DE PREÇOS

90	**LICITAÇÕES DE GRANDE VULTO**	90	**LICITAÇÃO INTERNACIONAL**

93 CONTRATOS ADMINISTRATIVOS

95	**CARACTERÍSTICAS DOS CONTRATOS ADMINISTRATIVOS**	99	**RESCISÃO UNILATERAL DO CONTRATO**
96	**ALOCAÇÃO DE RISCOS**	99	**APLICAÇÃO DE SANÇÕES**
96	**GARANTIAS**	100	**OCUPAÇÃO PROVISÓRIA**
97	**CLÁUSULAS EXORBITANTES**	100	**APLICAÇÃO DIFERIDA DA EXCEÇÃO DO CONTRATO NÃO CUMPRIDO**
98	**ALTERAÇÃO UNILATERAL DO CONTRATO**		

102 ENTIDADES DO TERCEIRO SETOR

103	**SERVIÇOS SOCIAIS AUTÔNOMOS**	109	**ORGANIZAÇÕES DA SOCIEDADE CIVIL DE INTERESSE PÚBLICO (OSCIP)**
105	**ENTIDADES DE APOIO**	112	**CHAMAMENTO PÚBLICO**
106	**ORGANIZAÇÕES SOCIAIS**		

115 SERVIÇOS PÚBLICOS

116	**CARACTERÍSTICAS DO SERVIÇO PÚBLICO**	119	**CLASSIFICAÇÕES DO SERVIÇO PÚBLICO**
116	**PRINCÍPIOS DO SERVIÇO PÚBLICO**	120	**CONCESSÃO DE SERVIÇOS PÚBLICOS**
116	**PRINCÍPIO DA EFICIÊNCIA**	121	**SUBCONCESSÃO**
116	**PRINCÍPIO DA CONTINUIDADE**	122	**EXTINÇÃO DO CONTRATO DE CONCESSÃO**
117	**PRINCÍPIO DA GENERALIDADE/ UNIVERSALIDADE**	122	**ADVENTO DO TERMO CONTRATUAL**
117	**PRINCÍPIO DA MODICIDADE TARIFÁRIA**	122	**EXTINÇÃO DA CONCESSÃO POR ENCAMPAÇÃO**
117	**DELEGAÇÃO DE SERVIÇO PÚBLICO**	123	**CADUCIDADE**
118	**FORMAS DE PRESTAÇÃO DO SERVIÇO PÚBLICO**	124	**RESCISÃO**
		124	**ANULAÇÃO**

124	**PARCERIAS PÚBLICO-PRIVADAS – PPP**
130	**SOCIEDADES DE PROPÓSITO ESPECÍFICO**

132 RESPONSABILIDADE CIVIL ADMINISTRATIVA

132	**INTRODUÇÃO**	134	**TEORIA DA CULPA ADMINISTRATIVA (CULPA DO SERVIÇO OU CULPA ANÔNIMA)**
132	**EVOLUÇÃO DA RESPONSABILIDADE DO ESTADO**		
		135	**TEORIA DO RISCO INTEGRAL**
133	**TEORIA DA IRRESPONSABILIDADE CIVIL DO ESTADO**	135	**TEORIA DO RISCO ADMINISTRATIVO**
		137	**RESPONSABILIDADE DO ESTADO POR OMISSÃO**
134	**TEORIA DA RESPONSABILIDADE COM CULPA**	138	**AÇÃO REGRESSIVA**

140 CONTROLE DA ADMINISTRAÇÃO

140	**CLASSIFICAÇÃO DO CONTROLE DA ADMINISTRAÇÃO**	149	**COMPETÊNCIA PARA JULGAMENTO DO MANDADO DE SEGURANÇA**
141	**CONTROLE ADMINISTRATIVO**	149	**TEORIA DA ENCAMPAÇÃO**
141	**RECURSO HIERÁRQUICO**	150	**HABEAS CORPUS**
142	**CONTROLE LEGISLATIVO**	151	**AÇÃO POPULAR**
142	**CONTROLE PARLAMENTAR DIREITO**	152	**AÇÃO CIVIL PÚBLICA**
		153	**MANDADO DE INJUNÇÃO**
143	**CONTROLE EXERCIDO PELOS TRIBUNAIS DE CONTAS**	153	**MANDADO DE INJUNÇÃO COLETIVO**
145	**CONTROLE JUDICIAL**	154	**HABEAS DATA**
146	**AÇÕES JUDICIAIS**	155	**AÇÃO DE IMPROBIDADE**
146	**MANDADO DE SEGURANÇA**	156	**PRESCRIÇÃO**
148	**MANDADO DE SEGURANÇA COLETIVO**		

158 IMPROBIDADE ADMINISTRATIVA

158	**INTRODUÇÃO**	159	**ALTERAÇÕES TRAZIDAS PELA NOVA LEI DE IMPROBIDADE ADMINISTRATIVA**
159	**COMPETÊNCIA**		

160	ELEMENTOS DO ATO DE IMPROBIDADE	166	ATOS DE IMPROBIDADE QUE ATENTAM CONTRA OS PRINCÍPIOS DA ADMINISTRAÇÃO PÚBLICA (ART. 11)
160	SUJEITO PASSIVO DO ATO DE IMPROBIDADE		
161	SUJEITO ATIVO DO ATO DE IMPROBIDADE	167	SANÇÕES CABÍVEIS
162	ESPÉCIES DE ATO DE IMPROBIDADE	168	DECLARAÇÃO DE BENS
		169	MEDIDAS CAUTELARES
163	ATOS DE IMPROBIDADE ADMINISTRATIVA QUE IMPORTAM ENRIQUECIMENTO ILÍCITO (ART. 9º)	170	REQUISITOS DA SENTENÇA NA AÇÃO DE IMPROBIDADE
		171	PERDA DA FUNÇÃO PÚBLICA E NOVO CARGO
164	ATOS DE IMPROBIDADE ADMINISTRATIVA QUE CAUSAM PREJUÍZO AO ERÁRIO (ART. 10)	171	PRESCRIÇÃO

173 PROCESSO ADMINISTRATIVO

174	PRINCÍPIOS	176	CONCEITOS DE ÓRGÃO, ENTIDADE E AUTORIDADE
174	A. PRINCÍPIO DA LEGALIDADE		
174	B. PRINCÍPIO DA MOTIVAÇÃO	177	DEVERES DO ADMINISTRADO
175	C. PRINCÍPIO DA OFICIALIDADE	177	INSTAURAÇÃO DO PROCESSO
		177	DA COMPETÊNCIA
175	D. PRINCÍPIO DO DEVIDO PROCESSO LEGAL	178	FORMA, TEMPO E LUGAR DOS ATOS DO PROCESSO
175	E. PRINCÍPIO DA GRATUIDADE	178	IMPEDIMENTO E SUSPEIÇÃO
176	F. PRINCÍPIO DA AMPLA DEFESA E DO CONTRADITÓRIO	179	RECURSOS ADMINISTRATIVOS
		180	CONTAGEM DE PRAZOS
176	G. PRINCÍPIO DA SEGURANÇA JURÍDICA		

182 AGENTES PÚBLICOS

183	CLASSIFICAÇÃO DOS AGENTES PÚBLICOS	184	SERVIDORES ESTATUTÁRIOS
		185	EMPREGADOS PÚBLICOS
183	AGENTES POLÍTICOS	185	SERVIDORES TEMPORÁRIOS
184	SERVIDORES PÚBLICOS	186	MILITARES

186	AGENTES HONORÍFICOS		189	EMPREGO PÚBLICO
187	AGENTES DELEGADOS		189	FUNÇÃO PÚBLICA
187	AGENTES CREDENCIADOS		190	CONCURSO COMO "PRINCÍPIO" E SUAS EXCEÇÕES
187	ACUMULAÇÃO DE CARGOS, EMPREGOS E FUNÇÕES PÚBLICAS		190	VALIDADE DO CONCURSO
188	ACUMULAÇÃO E TETO REMUNERATÓRIO		191	DIREITO SUBJETIVO À NOMEAÇÃO
189	CARGOS, EMPREGOS E FUNÇÕES PÚBLICAS		191	PERDA DO CARGO DO SERVIDOR ESTÁVEL
189	CARGO PÚBLICO		191	DIREITO DE GREVE

194 BENS PÚBLICOS

194	CONCEITO		199	IMPRESCRITIBILIDADE
194	CLASSIFICAÇÃO		200	NÃO ONERABILIDADE
194	QUANTO À TITULARIDADE		200	PRINCIPAIS ESPÉCIES DE BENS PÚBLICOS
194	BENS FEDERAIS			
195	BENS ESTADUAIS/DISTRITAIS		200	TERRAS DEVOLUTAS
196	BENS MUNICIPAIS		200	TERRENOS DE MARINHA E SEUS ACRESCIDOS
196	QUANTO À DESTINAÇÃO		201	FAIXA DE FRONTEIRAS
196	BENS DE USO COMUM DO POVO		201	ÁGUAS PÚBLICAS
196	BENS DE USO ESPECIAL		202	POSSIBILIDADE DO USO DE BEM PÚBLICO PELO PARTICULAR
196	BENS DOMINICAIS			
197	QUANTO À DISPONIBILIDADE		202	AUTORIZAÇÃO DE USO
198	COMPETÊNCIA		202	PERMISSÃO DE USO
198	AFETAÇÃO E DESAFETAÇÃO		202	CONCESSÃO DE USO
198	CARACTERÍSTICAS		203	CONCESSÃO DE DIREITO REAL DE USO
199	INALIENABILIDADE			
199	IMPENHORABILIDADE			

205 INTERVENÇÃO DO ESTADO NA PROPRIEDADE PRIVADA

205 REQUISITOS PARA CUMPRIMENTO DA FUNÇÃO SOCIAL

206 MODALIDADES DE INTERVENÇÃO

207 SERVIDÃO ADMINISTRATIVA

208 INDENIZAÇÃO

208 REQUISIÇÃO

208 PRINCIPAIS CARACTERÍSTICAS

209 OCUPAÇÃO TEMPORÁRIA

209 LIMITAÇÕES ADMINISTRATIVAS

210 TOMBAMENTO

211 DESAPROPRIAÇÃO

212 COMPETÊNCIA

213 INDENIZAÇÃO

213 DIREITO DE EXTENSÃO

213 TREDESTINAÇÃO

214 DESAPROPRIAÇÃO RURAL

215 PROCEDIMENTO DA DESAPROPRIAÇÃO

215 FASE DECLARATÓRIA

215 FASE EXECUTÓRIA

217 REFERÊNCIAS BIBLIOGRÁFICAS

218 SÍTIOS ELETRÔNICOS

NOÇÕES INTRODUTÓRIAS

O ESTADO E SUAS FUNÇÕES

Tradicionalmente, o Estado é uma instituição social, jurídica e política com caráter jurídico público e soberania. Por meio das instituições e do governo, tem como função gerir os interesses de um povo dentro de um território.

O artigo 1º da CF/88 estabelece os fundamentos do Estado Democrático de Jurisprudência, a saber: soberania, cidadania, dignidade da pessoa humana, valores sociais do trabalho e da livre iniciativa, pluralismo político.

No Brasil, aceitam a forma federal de governo, e os entes federativos têm autonomia, sendo a soberania atribuída à república Federativa do Brasil ou o Estado Federal.

O direito administrativo parte da ideia de Estado. Nesse sentido, o Estado é a nação politicamente organizada – povo/território/ governo soberano.

> Estado = Povo + Território + Governo Soberano

Assim, contemplamos que as definições de Estado e Governo não se confundem, sendo este último um dos elementos formadores do Estado. O Estado é pessoa jurídica de direito público, ainda que atuando na seara do Direito privado.

PODERES DO ESTADO

O Poder de um Estado é UNO, indivisível. No entanto, o Poder pode ser exercido por outros órgãos, com o objetivo de possibilitar um controle recíproco, constituindo o que chamamos na doutrina constitucionalista como sistema de "FREIOS E CONTRAPESOS".

O Brasil adotou a clássica teoria de tripartição de funções do Estado, organizada por Montesquieu, sendo essas funções divididas entre poderes devidamente organizados.

Nesse sentido, na Constituição Federal, em seu art. 2°, fica definido o funcionamento de três poderes: o Legislativo, o Executivo e o Judiciário, sendo que tais poderes são independentes e harmônicos entre si.

Poder	Função Típica	Função Atípica
Poder Executivo	É exercido principalmente pelo Poder Executivo, cuja atuação principal é de administrar (art. 76 e seguintes da CF)	Em situações previstas pela Constituição o Poder Executivo poderá legislar, tal como acontece nas medidas provisórias previstas no art. 64 CF/88
Poder Legislativo	É exercido principalmente pelo Poder Legislativo, cuja atuação principal é de legislar e de fiscalizar (art. 44 e seguintes da CF)	Exerce a função jurisdicional quando o Senado processa e julga o Presidente da República nos crimes de responsabilidade (art. 52, I, CF) ou os Ministros do Supremo Tribunal Federal pelos mesmos crimes (art. 52, II, CF). Exerce também a função administrativa quando organiza seus serviços internos (arts. 51, IV, e 52, XIII, CF).
Poder Judiciário	É exercido principalmente pelo Poder Judiciário, cuja atuação principal é de julgar e colaborar na autocomposição de conflitos (art. 92 e seguintes CF/88).	Pratica atos no exercício de função normativa, como na elaboração dos regimentos internos dos Tribunais (art. 96, I, "a", CF), e de função administrativa, quando organiza os seus serviços (art. 96, I, "a", "b", "c"; art. 96, II, "a", "b" etc.).

Os três Poderes exercem funções típicas e atípicas. As primeiras são aquelas que nomeiam o Poder, já que constituem sua atuação central. As funções atípicas são aquelas em que um Poder exerce, excepcionalmente e com autorização legal, a função que preponderantemente é atribuída a outro Poder.

FUNÇÃO ADMINISTRATIVA

A doutrina identifica a função administrativa por meio de três critérios:

× Critério subjetivo (orgânico) – observa-se o sujeito que exerce a ação, ou seja, o órgão.
× Critério objetivo-material – observa a atividade exercida – poder de polícia, intervenção na ordem econômica ou na propriedade privada.
× Critério objetivo-formal – observa-se a forma do regime que disciplina o assunto ou atividade (se regime de direito público ou de direito privado).

A função administrativa do Estado compreende diversas atividades, tais como:

- **Serviço público** – atividade ou serviço prestado que visa proporcionar comodidade aos administrados.
- **Poder de polícia** – atividade que restringe o exercício das liberdades individuais em prol da coletividade.
- **Fomento** – atividade administrativa que estimula a iniciativa privada.
- **Intervenção** – atividade da administração no domínio econômico, seja direta (o Estado exerce atividade econômica) ou indiretamente (o Estado regulamenta o exercício ou fiscaliza a atividade econômica).

O Poder Executivo (seja ele federal, estadual, distrital ou municipal) atua através do Governo (fixação dos objetivos e políticas públicas) e pela Administração Pública (execução das atividades).

ADMINISTRAÇÃO PÚBLICA

O conceito de "administração pública" pode ser entendido como as tarefas e objetivos que compõe os objetivos estatais, ou como os agentes públicos e órgãos que executam tais atividades.

Em regra, a administração pública pode ser entendida em dois sentidos:

- **Sentido objetivo** – refere-se à atividade de administrar a execução das atividades pelo Poder Público. Quando usada nesse sentido escreve-se "administração pública" em letras minúsculas.
- **Sentido subjetivo** – quando se refere à Administração Pública como sujeito. Ou seja, o conjunto de órgãos, pessoas e agentes que executam as atividades administrativas. Por isso, escreve-se "Administração Pública" com letras maiúsculas.

CRITÉRIO FORMAL/ ORGÂNICO/SUBJETIVO	CRITÉRIO OBJETIVO/MATERIAL
Conjunto de órgãos, pessoas e bens responsáveis pela função administrativa do Estado (há autores que entendem como sinônimo do próprio Estado)	Conjunto de atividades desempenhadas pelo Estado, sob os termos e condições da lei, visando o atendimento das necessidades coletivas

SISTEMAS ADMINISTRATIVOS

CONCEITO

São os mecanismos de controle jurisdicional dos atos do poder público.

O Estado de Direito funda-se em duas premissas: a da Legalidade (a administração está limitada ao cumprimento da lei) e do Controle Judicial (de nada adiantar submeter a administração à Lei, se não existe fiscalização).

A ideia central é a de JURISDIÇÃO, uma das funções do Estado.

Na jurisdição, o Estado, mediante provocação, aplica a lei ao caso concreto, com a finalidade de resolver conflitos sociais (contencioso), com definitividade (força de coisa julgada). Existem dois sistemas: o contencioso administrativo ou sistema francês e o sistema de jurisdição única ou sistema inglês.

SISTEMA FRANCÊS

O sistema francês é aquele em que se veda o conhecimento pelo Poder Judiciário de atos da administração pública, ficando estes sujeitos à chamada jurisdição especial do contencioso administrativo, formada por tribunais de índole administrativa.

Neste sistema, há dualidade de jurisdição, pois, ao lado da jurisdição comum, existe uma jurisdição administrativa a quem compete o controle judicial dos atos da administração.

SISTEMA INGLÊS

Aduz, Alexandrino e Paulo (2021) que o sistema inglês, ou de unicidade de jurisdição, é aquele em que todos os litígios - administrativos ou que envolvam interesses exclusivamente privados – podem ser levados ao Poder Judiciário, único que dispõe de competência para dizer o direito aplicável aos casos litigiosos, de forma definitiva, com força da chamada coisa julgada.

O Brasil adotou o chamado sistema inglês, sistema de jurisdição única ou sistema de controle judicial, os litígios podem ser resolvidos pelo Poder Judiciário.

Deste a Proclamação da República as constituições brasileiras positivaram o sistema inglês. Hoje, previsto no art. 5º, XXXV, da CF/1988.

COMPETÊNCIA PARA LEGISLAR

A competência para legislar sobre Direito Administrativo é de todos os entes da federação, trata-se de uma competência concorrente entre a União, os Estados e o Distrito Federal.

A competência legislativa, em matéria de Direito Administrativo, decorre do sistema federalista positivado na CF/88, cada ente é autônomo, possuindo competência para se auto-organizar.

FONTES DO DIREITO ADMINISTRATIVO

Conforme assevera Mazza (2022), as fontes são os fatos jurídicos de onde as normas emanam. As fontes jurídicas podem ser de dois tipos: a) primárias, maiores ou diretas: são o nascedouro principal e imediato das normas; e b) secundárias, menores ou indiretas: constituem instrumentos acessórios para originar normas, derivados de fontes primárias.

No Direito Administrativo, somente a lei constitui fonte primária na medida em que as demais fontes (secundárias), são quatro as principais fontes, lei, jurisprudência, doutrina e costumes.

LEI

Principal fonte, é a fonte primária. Trata-se de lei em sentido amplo: CF, MP, LC, LO, LD (lei delegada), toda e qualquer espécie normativa.

DOUTRINA

Resultado do trabalho dos estudiosos. Não vincula, diretamente, a atuação do Estado, mas influência as decisões dos julgadores, tanto que muitas decisões são justificadas por meio da opinião técnica de doutrinadores relevantes.

JURISPRUDÊNCIA

Trata-se do reflexo de decisões reiteradas dos tribunais. Quando a jurisprudência está consolidada, cristalizada, o tribunal editará uma súmula, que servirá como documento de orientação (sinalizar), salvo quando for uma súmula vinculante (a partir da EC/45).

Há, ainda, a repercussão geral que tem poder vinculante. O STF julga o Leading case e, posteriormente, as instâncias inferiores, em casos idênticos, deverão aplicar o entendimento do Supremo.

COSTUMES

Também denominado de direito consuetudinário, significa a prática habitual de determinada conduta pelo povo, acreditando ser ela obrigatória.

PRINCÍPIOS GERAIS DO DIREITO

Princípios são regras gerais que a doutrina identifica como base dos valores fundamentais de um sistema. Considerando que Direito Administrativo não é codificado, os princípios possuem o condão de interligar seus diversos institutos de maneira que não ocorram contradições em sua legislação, possibilitando melhor compreensão do texto legal, preenchendo as lacunas da lei, ante o acontecimento de situações não previstas, e garantindo o equilíbrio necessário entre os direitos dos administrados e as prerrogativas da Administração.

+ EXERCÍCIOS DE FIXAÇÃO

01. (IBADE – 2022 – IPREV) A alternativa correta acerca do Direito Administrativo e suas fontes primárias e secundárias é:

A) Como fonte primária do direito temos a jurisprudência, sendo ela um conjunto de decisões, aplicações e interpretações das leis.

B) Como fonte primária do direito temos os costumes que norteiam a sociedade e exigem obediência dos administradores aos comandos legais.

C) Como fonte primária do direito temos as leis delegadas e as leis ordinárias.

D) Como fonte secundária direito temos a doutrina, que por não ter exigência legal, tem pouca utilidade no Direito.

E) Como fonte secundária do direito temos as leis complementares e medidas provisórias.

02. (CESPE / CEBRASPE Órgão: SECONT-ES 2022) Acerca de direito administrativo, julgue o item que se segue.

Dada a origem francesa do direito administrativo pátrio, a jurisprudência, no Brasil, assim como ocorre na França, revela-se a principal fonte do direito administrativo.

» GABARITO

01. Letra C. No Direito Administrativo, apenas a lei constitui fonte primária. A Doutrina, jurisprudência e costumes são fontes secundárias.

02. Errado. O Brasil adota o sistema inglês (jurisdição una), que se opõe ao sistema francês do contencioso administrativo.

REGIME JURÍDICO ADMINISTRATIVO

Afirma, Mazza (2022) que o conjunto formado por todos os princípios e regras pertencentes ao Direito Administrativo denomina-se tecnicamente regime jurídico-administrativo.

Dessa forma, o regime jurídico-administrativo, tem como fundamentos basilares do regime jurídico administrativo temos:

a. Princípio da Supremacia do Interesse Público sobre o particular:
   A supremacia do interesse público sobre o privado, base da Administração Pública, exige que o interesse da coletividade tenha preferência em relação àquele do particular, evidenciando a relação vertical existente entre a Administração e os administrados.
b. Princípio da Indisponibilidade do Interesse Público:
   O princípio da indisponibilidade do interesse público diz que a Administração deve realizar suas condutas sempre velando pelos interesses da sociedade, mas nunca dispondo deles, uma vez que o administrador não goza de livre disposição dos bens que administra, pois o titular desses bens é o povo.

De acordo com Celso Antônio Bandeira de Mello (2009), a caracterização do Direito Administrativo e a base de seu regime jurídico se delineiam em função da consagração de dois princípios, por ele denominados pedras de toque: o princípio da supremacia do interesse público sobre o interesse particular e o princípio da indisponibilidade do interesse público, dos quais se extraem inúmeros princípios, dentre eles o princípio da legalidade, que também tem como implicações os princípios da finalidade, da razoabilidade, da proporcionalidade, da motivação e da responsabilidade do Estado, além de outros.

Maria Sylvia Zanella Di Pietro (2022) afirma que "a expressão regime jurídico-administrativo" é reservada tão somente para abranger o conjunto de traços, de conotações que tipificam o Direito Administrativo, colocando a Administração Pública numa posição privilegiada, vertical, na relação jurídico administrativa.

Marçal Justen Filho (2005): "o regime jurídico de direito público consiste no conjunto de normas jurídicas que disciplinam o desempenho de atividades e de organizações de interesse coletivo, vinculadas direta ou indiretamente à realização dos direitos fundamentais, caracterizado pela ausência de disponibilidade e pela vinculação à satisfação de determinados fins".

Conforme exposto, os princípios são relevantes para a definição da atuação estatal como normas orientadoras das condutas do agente público. Além dos princípios já explicitados, passa-se à análise dos demais princípios que estabelecem as normas de conduta do Estado. São aqueles previstos no art. 37 caput da CF, que dispõe: "a administração pública direta e indireta de qualquer dos Poderes da União, dos Estados, do Distrito Federal e dos Municípios obedecerá aos princípios de legalidade, impessoalidade, moralidade, publicidade e eficiência", conhecido pelo mnemônico (LIMPE).

PRINCÍPIO DA LEGALIDADE

O princípio da legalidade decorre da existência do Estado de Direito.

De acordo com o magistério de Hely Lopes Meirelles (2002): "As leis administrativas são, normalmente, de ordem pública e seus preceitos não podem ser descumpridos, nem mesmo por acordo ou vontade conjunta de seus aplicadores e destinatários, uma vez que contêm verdadeiros poderes-deveres, atribuídos pelos agentes públicos".

O princípio da legalidade é um dos mais importantes princípios específicos do Direito Administrativo. Dele derivam vários outros, tais como: finalidade, razoabilidade, isonomia e proporcionalidade.

O conceito de legalidade encontra-se no art. 2º da Lei 9.784/99:

> Art. 2º A Administração Pública obedecerá, dentre outros, aos princípios da legalidade, finalidade, motivação, razoabilidade, proporcionalidade, moralidade, ampla defesa, contraditório, segurança jurídica, interesse público e eficiência.
> Parágrafo único. Nos processos administrativos serão observados, entre outros, os critérios de:
> I - Atuação conforme a lei e o Direito;

Para o cidadão, a legalidade é aquela prevista no art. 5º, da CF, assim poderá fazer tudo que não está proibido em lei. Já a legalidade administrativa encontra-se no art. 37 da CF, sendo que só poderá fazer o que a lei expressamente determinar.

PRINCÍPIO DA LEGALIDADE E RESERVA DA LEI

O princípio da legalidade consiste em fazer o que a lei determina. A reserva de lei é muito mais restrita, significa selecionar uma matéria e reservar a determinada espécie normativa.

Di Pietro (2022) assevera que, o Estado Democrático de Direito pretende vincular a lei aos ideais de justiça, ou seja, submeter o Estado não apenas à lei em sentido puramente formal, mas ao Direito, abrangendo todos os valores inseridos expressa ou implicitamente na CF. Isso significa a ampliação do controle judicial, que deverá abranger a validade dos atos administrativos não só diante da lei, mas também perante o Direito.

Para Celso Antônio Bandeira de Mello (2009), é possível apontar três restrições excepcionais ao princípio da legalidade, elas representam uma transitória constrição a esse princípio e são expressamente mencionadas na Constituição Federal: as medidas provisórias, o estado de defesa e o estado de sítio.

Podemos apontar alguns exemplos de aplicação do princípio da legalidade:

- ✗ Não se pode exigir exame psicotécnico como etapa em um concurso público sem previsão de lei (STF, AI 677718 AgR);
- ✗ Não é possível impor limite de idade em concursos públicos se não for por lei (STF, RE 425760 RE).

PRINCÍPIO DA IMPESSOALIDADE

O princípio da impessoalidade estabelece um dever de imparcialidade na defesa do interesse público, impedindo discriminações e favoritismo indevidamente.

Há dois sentidos conferidos ao princípio da impessoalidade:

1º Sentido: Significa agir de forma impessoal, não buscar interesses pessoais. Exige AUSÊNCIA de subjetividade.

2º Sentido: É bem definido por José Afonso da Silva (2007) "os atos e provimentos administrativos são imputáveis não ao funcionário que os prática, mas ao órgão ou entidade administrativa da Administração Pública, de sorte que ele é o autor institucional do ato. Ele é apenas o órgão que formalmente manifesta a vontade estatal, a teoria do órgão.

Maria Sylvia Di Pietro preleciona que o princípio da impessoalidade é apontado como fundamento para o reconhecimento da validade dos atos praticados pelo assim chamado "funcionário de fato" (agente público cuja investidura no cargo ou função pública esteja maculada por vício insanável).

Corroborando este princípio e com previsão no art. 37 §1º da Constituição Federal, estabelece que "a publicidade dos atos, programas, obras, serviços e campanhas dos órgãos públicos deverá ter caráter educativo, informativo ou de orientação social, dela não podendo constar nomes, símbolos ou imagens que caracterizem promoção pessoal de autoridades ou servidores públicos".

A Constituição Federal conta com outras regras que representam aplicações concretas desse princípio, a exemplos, o art. 37, inciso II, que institui a exigência de concurso público para o exercício de cargos ou empregos públicos; e o art. 37, inciso XXI, que ordena a aplicação do procedimento licitatório como instrumento eficaz para que a Administração celebre o melhor contrato possível.

Para Celso Antônio Bandeira de Mello (2009), o princípio da impessoalidade "traduz a ideia de que a Administração tem de tratar a todos os administrados sem discriminações, benéficas ou detrimentosas.

Costuma-se apontar como violação ao princípio da impessoalidade a nomeação de parentes e cônjuge para assunção de cargos públicos como funções de direção, chefia ou assessoramento, por se tratar de ato praticado com a clara intenção de beneficiar um particular, sem preocupação real com o interesse público.

Acerca do tema, e com intuito de consolidar tal entendimento e solucionar a divergência, o STF editou uma súmula vinculante nº 13: "A nomeação de cônjuge, companheiro ou parente em linha reta, colateral ou por afinidade, até o terceiro grau, inclusive, da autoridade nomeante ou de servidor da mesma pessoa jurídica investido em cargo de direção, chefia ou assessoramento, para o exercício de cargo em comissão ou de confiança ou, ainda, de função gratificada na Administração Pública direta e indireta em qualquer dos poderes da União, dos Estados, do Distrito Federal e dos Municípios, compreendido o ajuste mediante designações recíprocas, viola a constituição federal."

Nota-se que a súmula veda a realização de designações recíprocas, ou seja, não se admite que, de forma indireta, se garanta a nomeação do parente de agente público, por meio de troca de favores ou favorecimentos pessoais para parentes de outros agentes. Essa reciprocidade de nomeações é conhecida como "nepotismo cruzado" é vedada expressamente pelo exposto na súmula.

A regra não é aplicada no caso de cargos políticos, como é o caso de secretário ou ministro de estado, situação em que é possível a nomeação de parentes, desde que o nomeado tenha condições técnicas (seja qualificado) para o exercício do cargo.

PRINCÍPIO DA MORALIDADE

O princípio da moralidade diverge entre a doutrina, o entendimento majoritário, é que traduz no princípio que exige a honestidade, lealdade, boa-fé de conduta no exercício da função administrativa.

O princípio da moralidade, previsto no art. 37 da Constituição Federal de 88, diz:

> "Art. 37 A administração pública direta ou indireta de qualquer dos Poderes da União, dos Estados, do Distrito Federal e dos Municípios obedecerá aos princípios de legalidade, impessoalidade, moralidade, publicidade e eficácia."

É previsto também na Lei 9.784/99, vejamos:

> Art. 2º: A Administração Pública obedecerá, dentre outros, aos princípios da legalidade, finalidade, motivação, razoabilidade, proporcionalidade, moralidade, ampla defesa, contraditório, segurança jurídica, interesse público e eficiência. Parágrafo único.

Nos processos administrativos serão observados, entre outros, os critérios de:

> IV - Atuação segundo padrões éticos de probidade, decoro e boa-fé.

Observa-se, assim, que todo e qualquer ato praticado na Administração Pública deverá ser regido pelo princípio da moralidade.

PRINCÍPIO DA PUBLICIDADE

O princípio da publicidade vem do dever de divulgação oficial dos atos administrativos. Trata-se da ideia da proibição da edição de atos secretos pelo poder público, e consiste no livre acesso dos indivíduos a informações de seu interesse e de transparência na atuação administrativa. Sua base está no próprio art. 5º CF, incisos XIV e XXXIII.

A Lei n.º 12.527/2011 (Lei de Acesso à Informação) diz que qualquer interessado poderá pedir acesso à informação a um órgão ou entidade (art. 10).

Como os agentes públicos atuam na defesa dos interesses da coletividade, a proibição de condutas sigilosas e atos secretos é um corolário da natureza funcional de suas atividades.

A publicidade dos atos administrativos constitui medida voltada a exteriorizar a vontade da Administração Pública divulgando seu conteúdo para conhecimento público; tornar exigível o conteúdo do ato; desencadear a produção de efeitos do ato administrativo; e permitir o controle de legalidade do comportamento.

A definição do princípio da publicidade encontra-se no art. 2º da Lei 9.784/99, vejamos:

> Art. 2º: A Administração Pública obedecerá, dentre outros, aos princípios da legalidade, finalidade, motivação, razoabilidade, proporcionalidade, moralidade, ampla defesa, contraditório, segurança jurídica, interesse público e eficiência. Parágrafo único.

Nos processos administrativos serão observados, entre outros, os critérios de:

> V - Divulgação oficial dos atos administrativos, ressalvadas as hipóteses de sigilo previstas na Constituição.

A lei vai dar acesso à informação, mas admitirá hipóteses de restrição à informação, tal como (art.23):

- Hipótese em que se mostre imprescindível o sigilo à segurança da sociedade ou do Estado;
- Hipótese em que o acesso irrestrito põe em risco a defesa e a soberania nacional;
- Hipótese em que o acesso colocar em risco a condução de negociações ou relações internacionais do Brasil;
- Hipótese em que o acesso colocar em risco a segurança, vida ou saúde da sociedade ou da população.
- Hipótese em que o acesso colocar em risco a estabilidade financeira, econômica ou monetário do país.
- Hipótese em que o acesso colocar em risco planos e operações estratégicas das forças armadas.
- Hipótese em que o acesso colocar em risco projeto de pesquisa e desenvolvimento científico ou tecnológico.
- Hipótese em que o acesso colocar em risco de instituições.
- Hipótese em que o acesso colocar em risco de altas autoridades.
- Hipótese em que o acesso colocar em risco atividade de inteligência ou investigação, relacionadas à prevenção e repressão de crimes.

As informações que guardam sigilo são passíveis de classificação (art. 24).

- × Informação ultrassecreta: a informação poderá ficar restrita à sua informação por até 25 anos.
- × Informação secreta: a informação poderá ficar restrita à sua informação por até 15 anos.
- × Informação reservada: a informação poderá ficar restrita à sua informação por até 05 anos.

Portanto, a publicidade dos atos administrativos constitui medida voltada a exteriorizar a vontade da Administração Pública divulgando seu conteúdo para conhecimento público.

PRINCÍPIO DA EFICIÊNCIA

É um dos princípios norteadores da administração pública anexado aos da legalidade, finalidade, da motivação, da razoabilidade, da proporcionalidade, da moralidade, da ampla defesa, do contraditório, da segurança jurídica e do interesse público, e foi incluído no ordenamento jurídico brasileiro de forma expressa na Constituição Federal, com a promulgação da emenda constitucional nº 19 de 4 de junho de 1998, alterando o art.º 37.

Se traduz pela atuação competente, que alcança bons resultados com o mínimo de desperdício, evitando a morosidade, desperdício, baixa produtividade.

Segundo a lição de José dos Santos Carvalho Filho (2020), eficiência, eficácia e efetividade são conceitos que não se confundem. A eficiência seria o modo pelo qual se exerce a função administrativa. A eficácia diz respeito aos meios e instrumentos empregados pelo agente. E a efetividade é voltada para os resultados de sua atuação.

PRINCÍPIOS INFRACONSTITUCIONAIS

Os princípios do Direito Administrativo não se esgotam no plano constitucional. Os doutrinadores fazem referência a diversos outros princípios administrativos, muitos dos quais estão previstos na legislação infraconstitucional, especialmente no art. 2º, parágrafo único, da Lei n. 9.784/99.

Importante frisar que a falta de previsão constitucional não significa menor importância diante dos princípios diretamente mencionados no Texto Maior. Princípios infraconstitucionais e doutrinários têm a mesma relevância sistêmica daqueles referidos na Constituição Federal.

PRINCÍPIO DA RAZOABILIDADE E DA PROPORCIONALIDADE

Os princípios da razoabilidade e da proporcionalidade não se encontram expressos no texto constitucional. São eles, na verdade, princípios gerais de direito, aplicáveis a praticamente todos os ramos da ciência jurídica.

Para José dos Santos Carvalho Filho (2020): "razoabilidade é a qualidade do que é razoável, ou seja, aquilo que se situa dentro de limites aceitáveis, ainda que os juízos de valor que provocaram a conduta possam dispor-se de forma um pouco diversa".

Dessa forma, todas as vezes que o mérito administrativo extrapola os limites da lei, seja por atuação que afronta expresso texto legal, seja pela violação ao princípio da razoabilidade, compete ao judiciário, desde que provocado, sanar o vício da conduta estatal, determinando a anulação do ato ilícito.

A Proporcionalidade desenvolve-se no âmbito do direito administrativo, para controle dos atos da Administração Pública. Ressalte-se que o art. 22, § 2º do Decreto-lei 4657/42 (LINDB) prevê que, na aplicação de sanções, serão consideradas a natureza e a gravidade da infração cometida, os danos que dela provierem para a administração pública, as circunstâncias agravantes ou atenuantes e os antecedentes do agente.

PRINCÍPIO DA MOTIVAÇÃO

É o dever do ente estatal indicar os pressupostos de fato e de direito que determinaram a prática dos atos administrativos. De acordo com o art. 2º, VII da Lei 9.784/99, motivação é a indicação dos pressupostos de fato e de direito que determinam a decisão.

O dever de motivar, de justificar é também desdobramento da garantia de informação expressa no art. 59, inciso XXXIII, da CF.

Ressalta-se que o art. 50 da Lei 9.784/99 traz um rol de atos que devem, obrigatoriamente, serem motivados.

A motivação é indispensável ao controle dos atos administrativos, uma vez que demonstra à sociedade as razões pelas quais o poder público atuou de determinada forma, tornando possível a análise dos cidadãos acerca da legitimidade e adequação de seus motivos.

A motivação não consta entre os cinco requisitos de validade do ato administrativo previstos no art. 2º da Lei n. 4.717/65 (Ação Popular):

sujeito, objeto, forma, motivo e finalidade. Todavia, o dever de motivar, tanto na modalidade contextual quanto na aliunde, compõe um dos elementos indispensáveis para a válida exteriorização do ato, sendo parte integrante do requisito "forma". Dessa forma, não se deve confundir motivação com o motivo dos atos administrativos.

Mazza (2022) afirma que há atos, no entanto, que dispensam motivação escrita. Basicamente isso ocorre em três casos:

a. motivação evidente: como nos atos de gesticulação executados por policial na disciplina do trânsito;

b. motivação inviável: na hipótese, por exemplo, de sinais de trânsito emitidos por semáforos;

c. nomeação e exoneração de cargos comissionados: conhecidos como cargos "de confiança", são de livre provimento, dispensando motivação. Mas se for apresentado motivo falso ou inexistente, a exoneração de comissionado será nula (teoria dos motivos determinantes).

MOTIVAÇÃO ALIUNDE

A motivação aliunde ou *per relationem* é representada quando a administração pública, ao tomar uma decisão, transfere a sua fundamentação a outro documento e está prevista no art. 50, § 1º, da Lei 9784/99, que diz: "Art. 50. O próprio art. 50, § 1º, da Lei n. 9.784/99 permitiu a utilização da denominada motivação aliunde.

TEORIA DOS MOTIVOS DETERMINANTES

A teoria dos motivos determinantes afirma que o motivo apresentado como fundamento fático da conduta vincula a validade do ato administrativo. Assim, havendo comprovação de que o alegado pressuposto de fato é falso ou inexistente, o ato torna-se nulo Mazza (2022).

PRINCÍPIO DA ISONOMIA

O princípio da isonomia é preceito fundamental do ordenamento jurídico que impõe ao legislador e à Administração Pública o dever de dispensar tratamento igual a administrados que se encontram em situação equivalente.

Seu fundamento constitucional é o art. 5º, caput, da Constituição Federal:

"Todos são iguais perante a lei, sem distinção de qualquer natureza, garantindo-se aos brasileiros e aos estrangeiros residentes no País a inviolabilidade do direito à vida, à liberdade, à igualdade, à segurança e à propriedade".

Em seu aspecto material, a isonomia justifica tratamento diferenciado como forma de igualar juridicamente aqueles que são desiguais. Nesse sentido, determina que a Administração Pública deve tratar igualmente os iguais, e desigualmente os desiguais, na medida das suas desigualdades.

A isonomia, justifica o estabelecimento de garantias a determinados grupos socialmente prejudicados como forma de diminuir as desigualdades em relação aos restantes da coletividade, sendo base para criação de ações afirmativas que visam a inclusão de pessoas menos favorecida na sociedade.

Nisso reside o fundamento de legitimidade das vagas reservadas a portadores de deficiência em concursos públicos, pontuação especial no vestibular para alunos egressos de escola pública, tempo menor de aposentadoria para mulheres, prioridade nos processos envolvendo interesse de idosos, cotas nas universidades públicas em favor de afrodescendentes etc.

PRINCÍPIO DA AUTOTUTELA

O princípio da autotutela consagra o controle interno que a Administração Pública exerce sobre seus próprios atos. Como consequência da sua independência funcional (art. 2º da CF), a Administração não precisa recorrer ao Judiciário para anular seus atos ilegais e revogar os atos inconvenientes que pratica.

Consiste no poder-dever de retirada dos atos administrativos por meio da anulação e da revogação. A anulação envolve problema de legalidade, a revogação trata de mérito do ato. É o que dispõe o art. 53 da lei 9.784.

O princípio da autotutela, portanto, autoriza o controle interno feito pela Administração Pública, ou seja, o controle feito pela Administração Pública dos próprios atos.

O princípio da autotutela é decorrência da supremacia do interesse público e encontra-se consagrado em duas súmulas do Supremo Tribunal Federal:

a) Súmula 346: "A administração pública pode declarar a nulidade dos seus próprios atos".

b) Súmula 473: "A Administração pode anular seus próprios atos, quando eivados de vícios que os tornam ilegais, porque deles não se originam direitos; ou revogá-los, por motivo de conveniência ou oportunidade, respeitados os direitos adquiridos, e ressalvada, em todos os casos, a apreciação judicial".

Por fim, importante destacar que autotutela não se confunde com tutela administrativa ou tutela ministerial. Esta última é o poder de supervisão ministerial exercido pela Administração Direta sobre entidades da Administração Indireta (art. 19 do Decreto-lei n. 200/67).

+ EXERCÍCIOS DE FIXAÇÃO

01. (FGV – 2022 – TRT – 13ª Região – PB) Pelo princípio da sindicabilidade, a Administração Pública tem a prerrogativa de rever os seus próprios atos, seja para revogá-los por motivo de oportunidade ou conveniência respeitado o interesse público, seja para anulá-los, por vício de legalidade. Trata-se, pois, do controle que pode ser de mérito ou de legalidade.

O trecho acima traduz o que a doutrina de Direito Administrativo convencionou denominar de princípio da

A) Moralidade

B) razoabilidade.

C) legalidade.

D) autotutela.

E) revisão.

02. (FCC – 2022 – TRT – 14ª Região – RO e AC) Considere a seguinte situação hipotética: O Prefeito de determinado Município e candidato à reeleição permitiu, durante o último mês do período de campanha eleitoral, que fossem publicadas algumas notícias de obras públicas realizadas na sua gestão no sítio eletrônico da Prefeitura, com menção expressa ao seu nome. A situação narrada constitui violação ao princípio da

A) proporcionalidade.

B) eficiência.

C) publicidade.

D) impessoalidade.

E) motivação.

03. (FGV – 2022 – Câmara de Taubaté – SP) Para que a administração pública atue em conformidade com o princípio da autotutela, é correto afirmar que ela pode

A) assegurar a estabilidade de relações jurídicas já consolidadas, garantindo a interpretação retroativa de novas interpretações.

B) anular seus próprios atos por razões de oportunidade, ressalvando a possibilidade de apreciação judicial.

C) revogar atos de entidades administrativas em caso de ilegalidade explícita.

D) dispensar a motivação a atos de fundações públicas que neguem direitos a administrados.

E) revogar seus próprios atos por motivo de conveniência, respeitando os direitos adquiridos.

» GABARITO

01. Letra D. O princípio da autotutela estabelece que a Administração Pública possui o poder de controlar os seus próprios atos, anulando-os quando ilegais ou revogando-os quando inconvenientes ou inoportunos. Assim, a Administração não precisa recorrer ao Poder Judiciário para corrigir os seus atos, podendo fazê-lo diretamente.

Súmula nº 473 - A Administração pode anular seus próprios atos, quando eivados de vícios que os tornam ilegais, porque deles não se originam direitos; ou revogá-los, por motivo de conveniência ou oportunidade, respeitados os direitos adquiridos, e ressalvada, em todos os casos, a apreciação judicial.

Art. 53 da Lei 9.784/1999: "A Administração deve anular seus próprios atos, quando eivados de vício de legalidade, e pode revogá-los por motivo de conveniência ou oportunidade, respeitados os direitos adquiridos".

02. Letra D. Princípio da Impessoalidade se perfaz na situação em que o agente público atua em sua função/seu cargo, não é a pessoa do agente quem pratica o ato, mas sim o órgão público que ele representa, ou seja, no desempenho do cargo, o agente representa o órgão.

Importante destacar a previsão constitucional, CF/88 Art. 37 § 1º A publicidade dos atos, programas, obras, serviços e campanhas dos órgãos públicos deverá ter caráter educativo, informativo ou de orientação social, dela não podendo constar nomes, símbolos ou imagens que caracterizem promoção pessoal de autoridades ou servidores públicos.

03. Letra E. O princípio da autotutela estabelece que a Administração Pública possui o poder de controlar os seus próprios atos, anulando-os quando ilegais ou revogando-os quando inconvenientes ou inoportunos. Assim, a Administração não precisa recorrer ao Poder Judiciário para corrigir os seus atos, podendo fazê-lo diretamente.

Súmula nº 473 - A Administração pode anular seus próprios atos, quando eivados de vícios que os tornam ilegais, porque deles não se originam direitos; ou revogá-los, por motivo de conveniência ou oportunidade, respeitados os direitos adquiridos, e ressalvada, em todos os casos, a apreciação judicial.

Art. 53 da Lei 9.784/1999: "A Administração deve anular seus próprios atos, quando eivados de vício de legalidade, e pode revogá-los por motivo de conveniência ou oportunidade, respeitados os direitos adquiridos".

ORGANIZAÇÃO ADMINISTRATIVA

INTRODUÇÃO

A organização administrativa resulta de um conjunto de normas jurídicas que regem a competência, as relações hierárquicas, a situação jurídica, as formas de atuação e controle dos órgãos e pessoas, no exercício da função administrativa.

Para José dos Santos Carvalho Filho (2020): "a função administrativa é dentre todas a mais ampla, uma vez que é através dela que o Estado cuida da gestão de todos os seus interesses e da coletividade".

No âmbito federal, o tema é disciplinado pelo Decreto-lei n. 200/67. Como o Estado atua por meio de órgãos, agentes e pessoas jurídicas, sua organização se calca em três situações fundamentais: a centralização, descentralização e a desconcentração.

CENTRALIZAÇÃO E DESCENTRALIZAÇÃO

A centralização é a situação em que o Estado executa suas tarefas diretamente, por meio dos seus órgãos e agentes administrativos que compõem sua estrutura funcional.

Já na descentralização ocorre quando há criação de novas pessoas de direito público ou privado por parte dos entes da federação (União, Distrito Federal, Estados e Municípios), atribuindo-se a atividade administrativa a essas pessoas jurídicas.

DESCONCENTRAÇÃO

A desconcentração é um fenômeno de distribuição interna de partes de competências decisórias, agrupadas em unidades individualizadas, refere-se à organização interna de cada pessoa jurídica. Todos os órgãos e agentes permanecem ligados por um consistente vínculo denominado hierarquia, podendo ser em razão da matéria, do grau de hierarquia ou do território, como ocorre na distribuição das atividades entre os órgãos públicos.

Deslocamento, distribuição dentro da mesma pessoa jurídica.

DESCONCENTRAÇÃO x DESCENTRALIZAÇÃO	
Deslocamento ocorre na mesma pessoa jurídica	Deslocamento para nova PJ/PF. (regra é para pessoa jurídica, mas excepcionalmente pode ser para pessoa física.)
Tem como base a hierarquia. Quando alguém manda deslocar um serviço dentro da mesma PJ	Não existe hierarquia entre Administração Direta e Indireta e Direta e Particulares, há controle e fiscalização
Há subordinação	Não há subordinação

Na descentralização administrativa a Administração Pública cria entidades administrativas que possuem personalidade jurídica própria, e transfere para estas algumas das funções administrativas. Não há relação de subordinação entre elas, apenas de vinculação.

A descentralização administrativa pode ocorrer por três formas:

× Por outorga – o Ente da federação cria uma pessoa jurídica, visando alienar para esta a execução de determinada atividade pública.

× Por delegação – aqui a o Ente irá repassar a execução da atividade pública para uma pessoa jurídica de direito privado. Somente é possível a transferência da execução do serviço. A titularidade sempre permanecerá com o Ente Federativo.

× Territorial – Ocorre quando a União cria os chamados Territórios Federais (art. 18, §2º CF/88) – uma pessoa jurídica de direito público, com espaço geográfico determinado, e dotada de competências administrativas, mas que não possui autonomia política e legislativa.

Hely Lopes Meirelles (2002) esclarece que a administração é um instrumento que o Estado tem para pôr em prática as decisões do governo. Em razão da possibilidade de a atuação ser centralizada ou descentralizada, a Administração pode ser dividida em administração direta e administração indireta.

ADMINISTRAÇÃO DIRETA

A Administra direta é o conjunto de órgãos públicos pertencentes aos entes federativos (União, estados. Distrito Federal e municípios), não possui personalidade jurídica própria. É o fenômeno da desconcentração. Detém as atribuições de forma centralizada das atividades administrativas.

Essas entidades gozam de todas as prerrogativas inerentes à Administração e se submeterem a todas as limitações estatais que decorrem do princípio da indisponibilidade do interesse público.

Os bens dessas entidades são bens públicos, nos moldes do artigo 98 do Código Civil e dessa forma, não se sujeitam a penhora ou oneração. Os débitos judiciais são pagos por meio de precatórios, conforme consta no artigo 100 da Constituição Federal de 1988.

ÓRGÃO PÚBLICOS

Os órgãos são divisões da estrutura estatal que recebem funções determinadas e executam atividades estatais por meio de agentes públicos. Não são dotados de personalidade jurídica e são instrumentos do Estado, não podendo ser sujeitos de direitos e obrigações.

Nas palavras de Hely Lopes Meirelles (2002), "são centros de competência instituídos para o desempenho de funções estatais, através de seus agentes, cuja atuação é imputada à pessoa jurídica a que pertence".

Maria Sylvia Zanella di Pietro (2022) afirma que "o órgão não se confunde com a pessoa jurídica, embora seja uma de suas partes integrantes, a pessoa jurídica é o todo, enquanto os órgãos são parcelas integrantes do todo".

Embora não possua personalidade jurídica própria, determinados órgãos públicos gozam de capacidade processual ativa, tais como os órgão independentes e autônomos. Exemplos: Ministério Público e à Defensoria Pública, bem como à Câmara Municipal, órgão público que possui capacidade processual, conforme dispõe previsto na súmula 525 do STJ:

> Súmula 525: A Câmara de Vereadores não possui personalidade jurídica, apenas personalidade judiciária, somente podendo demandar em juízo para defender os seus direitos institucionais.

A exteriorização das vontades da Administração Pública segue as seguintes teorias:

× Teoria do mandato – o Estado outorga ao seu agente um mandato, a fim de que este aja em seu nome.

× Teoria da representação – o Estado é representado pelo seu agente. Maria Sylvia Zanella Di Pietro (2022) crítica esta vertente, pois nivela o Estado como um incapaz, que necessita de representação.

× Teoria do órgão ou teoria da imputação volitiva – Assevera Mazza (2022), que o agente público atua em nome do Estado, titularizando um órgão público (conjunto de competências), de modo que a atuação ou o comportamento do agente no exercício da função pública é juridicamente atribuída(o) imputada(o) – ao Estado. É a teoria adotada no Brasil.

CLASSIFICAÇÃO DOS ÓRGÃOS

QUANTO À POSIÇÃO ESTATAL

× Órgãos independentes: são os órgãos que têm sua origem na Constituição Federal e não se subordinam hierarquicamente a nenhum outro órgão. Por exemplo, Congresso Nacional.

× Órgãos autônomos: Estão abaixo dos órgãos independentes, possuem autonomia, mas se subordinam ao órgão independente. Por exemplo, os Ministérios e Secretarias.

× Órgãos superiores: são órgãos que exercem função de direção, controle, chefia, não possuem autonomia. Exemplos: Gabinetes e Coordenadorias.

× Órgãos subalternos: são órgãos que possuem atribuições executórias fazendo somente aquilo é designado. Por exemplo, almoxarifado.

QUANTO À ESTRUTURA

× Órgãos simples (ou órgãos unitários): são órgãos que não possuem outros órgãos subordinados. São constituídos por apenas um centro de competências.

× Órgãos compostos: São órgãos que possuem diversos outros órgãos menores.

QUANTO À ATUAÇÃO FUNCIONAL

× Órgãos singulares (unipessoais): são órgãos cuja decisão depende da vontade de uma pessoa. Por exemplo, a Prefeitura Municipal.

× Órgãos colegiados (pluripessoais): são órgãos cujas decisões são tomadas por mais de uma pessoa. Não há hierarquia entre seus membros. Por exemplo, as decisões do Plenário do CNJ.

ADMINISTRAÇÃO INDIRETA

A descentralização trata da repartição de competência entre pessoas físicas e jurídicas. Nessa situação, o Estado pode transferir a responsabilidade dos exercícios que lhes são pertinentes, criando pessoas jurídicas especializadas, autorizando que elas executem a prestação dos serviços.

É chamada descentralização. Resulta-se na criação de outras pessoas com personalidade jurídica própria, sujeito de direitos e obrigações, bem como responsáveis pelos seus atos.

A descentralização pode ser dividida em:

× Descentralização política – Quando a pessoa descentralizada possui autonomia para execução de suas atividades, com possibilidades de elaboração das próprias leis; possuem uma legitimidade que decorre da própria constituição. É a descentralização feita pela Constituição Federal, ao dividir a competência entre os entes federativos.

× Descentralização administrativa – ocorre quando o que existe é a criação de entes personalizados com poder de autoadministração e capacidade de gerir os próprios negócios, de acordo com as determinações legais expedidas pela entidade central.

Possuem, receita e patrimônio próprios, bem como capacidade de autoadministração. As pessoas jurídicas de direito público são criadas por lei (art. 37, XIX, da CF),

Já as pessoas jurídicas de direito privado são autorizadas por lei (arts. 37, XIX, da CF, 3º e 4º da Lei n. 13.306/2016), e a personalidade nasce com o registro dos atos constitutivos em cartório (devido processo legal privado de criação, atendendo ao disposto no art. 45 do Código Civil).

AUTARQUIAS

Nas palavras de Mazza (2022), as Autarquias são pessoas jurídicas de direito público interno, pertencentes à Administração Pública Indireta, criadas por lei específica para o exercício de atividades típicas da Administração Pública.

Prestam atividades do Estado, dentro dos poderes e limites que lhe foram fixados. Não estão sob controle direto, existe apenas uma relação vinculante.

São exemplos de Autarquias a CVM (Comissão de Valores Mobiliários), o BACEN (Banco Central), Instituto Brasileiro do Meio Ambiente e dos Recursos Naturais Renováveis (IBAMA); Instituto Nacional de Meteorologia (INMET).

CARACTERÍSTICAS

As autarquias possuem as seguintes características jurídicas:

a. são pessoas jurídicas de direito público
b. são criadas e extintas por lei específica:

c. dotadas de autonomia gerencial, orçamentária e patrimonial
d. nunca exercem atividade econômica
e. são imunes a impostos
f. seus bens são públicos (art. 98 do Código Civil)
h. celebram contratos administrativos
i. o regime normal de vinculação é estatutário
j. possuem as prerrogativas especiais da Fazenda Pública
k. responsabilidade objetiva e direta

As Autarquias gozam de todas as prerrogativas, possuindo privilégios processuais tais como:

- ✗ Isenção das custas judiciais, salvo o reembolso das despesas judiciais feitas pela parte autora (art. 4º, I, da Lei n.º 9.289/1996);
- ✗ Duplo grau de jurisdição obrigatório quando a sentença lhe for contrária (art. 496, I CPC c/c art. 2º, § 1º Lei n.º 6.830/1980);
- ✗ Dispensa de depósito prévio para interposição de recurso (Art. 1-A da Lei n.º 9.494/1997);
- ✗ Prazo em dobro para se manifestar (art. 183 CPC c/c art. 10 Lei n.º 9.469/1997);
- ✗ Realização de execução para cobrança de seus créditos de acordo com o rito da lei de execução fiscal;
- ✗ O pagamento das condenações judiciais das Autarquias será por precatório (art. 100, CF/88);
- ✗ Estão submetidas a prescrição quinquenal, ou seja, eventuais prestações de direitos contra a autarquia prescrevem no prazo de 05 anos.

AGÊNCIAS REGULADORAS

O surgimento das chamadas Agências Reguladoras na década de 1990 com a orientação política e econômica predominante no Brasil e na maioria dos países ocidentais, no campo da administração pública, levou à implantação de um modelo entre nós chamado de "administração gerencial". O chamado Programa Nacional de Desestatização, teve como o objetivo de reduzir o déficit público, transfere atividades da iniciativa privada onerosas ao estado, transfere a prestação de serviços para entidades privadas, com o objetivo de reduzir custos e buscar maior eficiência na execução dessas atividades.

Maria Sylvia Zanella Di Pietro (2022) esclarece que, de forma genérica, qualquer órgão da administração direta ou entidade da administração indireta, que possua função de regular as matérias de sua competência, poderá ser classificado como agência reguladora.

São exemplos de agências reguladoras existentes no Brasil a ANP (Agência Nacional do Petróleo, Gás Natural e Biocombustíveis), a ANA (Agência Nacional de Águas, a ANAC (Agência Nacional de Aviação Civil), a ANATEL (Agência Nacional de Telecomunicações, a ANEEL (Agência Nacional de Energia Elétrica) dentre outras.

A doutrina aponta que o regime diferenciado das agências reguladoras decorre da maior independência e autonomia que esta entidade goza em relação aos entes da Administração Direta, executando suas atividades com maior liberdade de atuação, embora ainda sujeita à supervisão ministerial.

Além disso, as Agências Reguladoras possuem autonomia financeira, consoante entendimento de Marçal Justen Filho (2005) que dispõe que o "modelo de agências reguladoras comporta a atribuição de autonomia financeira, por meio de garantia de receitas vinculadas.

As agências reguladoras são autarquias com regime especial, possuindo todas as características jurídicas das autarquias comuns, mas delas se diferenciando pela presença de duas peculiaridades em seu regime jurídico: a) dirigentes estáveis: ao contrário das autarquias comuns, em que os dirigentes ocupam cargos em comissão exoneráveis livremente pelo Poder Executivo, nas agências reguladoras os dirigentes são protegidos contra o desligamento imotivado.

Os dirigentes das Agências Reguladoras possuem investidura especial. São nomeados pelo Presidente da República, após a aprovação prévia pelo Senado Federal (art. 52, III, "f", CF/88), para cumprir mandato certo, ao contrário das demais autarquias em que os dirigentes são comissionados e, portanto, exoneráveis *ad nutum*. O prazo do mandato dos dirigentes das agências foi padronizado em 5 anos.

QUARENTENA

Quarentena é o período de 6 meses, contado da exoneração ou do término do mandato, durante o qual o ex-dirigente fica impedido para o exercício de atividades ou de prestar qualquer serviço no setor regulado pela respectiva agência sob pena de incorrer na prática do crime de advocacia administrativa. Durante o período de quarentena, o ex-dirigente ficará vinculado à agência, fazendo jus à remuneração compensatória equivalente à do cargo de direção que exerceu e aos benefícios a ele inerentes (art. 8º, § 2º, da Lei n. 9.986/2000).

FUNDAÇÕES PÚBLICAS

As fundações públicas são entidades da Administração Indireta e estão previstas no art. 5º IV do Decreto-Lei n.º 200/1967. Visam a execução do interesse público, e podem adotar duas feições: fundação pública de natureza privada; ou fundação pública de natureza pública.

Nas palavras de Mazza (2022) as Fundações públicas são pessoas jurídicas de direito público interno, instituídas por lei específica mediante a afetação de um acervo patrimonial do Estado a uma dada finalidade pública. São exemplos: Funai, Funasa, IBGE, Funarte e Fundação Biblioteca Nacional.

De acordo com o entendimento adotado pela maioria da doutrina e pela totalidade dos concursos públicos, as fundações públicas são espécies de autarquias revestindo-se das mesmas características jurídicas aplicáveis às entidades autárquicas. Podem exercer todas as atividades típicas da Administração Pública, como prestar serviços públicos e exercer poder de polícia.

A fundação é um patrimônio personalizado a que é dado caráter de pessoa jurídica que presta atividade não lucrativa com objetivo socialmente relevante e de interesse coletivo.

Elas podem ter personalidade jurídica de Direito Público, quando são chamadas de Fundações Autárquicas, submetendo-se ao mesmo regime jurídico das autarquias; ou personalidade jurídica de Direito Privado, possuindo um regime jurídico híbrido, em que predomina o regime privado, com derrogações pelo Direito Público.

De acordo com o STF (RE 716378/SP), a escolha do regime jurídico que qualifica uma fundação como sujeita ao regime público ou privado depende: a) do estatuto de sua criação ou autorização; e b) das atividades por ela prestadas.

O Decreto lei 200/67, alterado pela Lei nº 7.596/87, conceitua, em seu artigo 5º, IV, fundação pública como: "a entidade dotada de personalidade jurídica de direito privado, sem fins lucrativos, criada em virtude de autorização legislativa, para o desenvolvimento de atividades que não exijam execução por órgãos ou entidades de direito público, com autonomia administrativa, patrimônio próprio gerido pelos respectivos órgãos de direção, e funcionamento custeado por recursos da União e de outras fontes".

No que tange aos bens das fundações públicas, qualquer que seja a natureza de sua personalidade, serão impenhoráveis, pois são afetados, tendo finalidade pública. A imunidade tributária recíproca em relação aos impostos também é uma prerrogativa conferida às fundações públicas de qualquer natureza.

FUNDAÇÕES PÚBLICAS DE DIREITO PÚBLICO

As fundações públicas com personalidade jurídica de direito público gozam das mesmas prerrogativas das autarquias. São denominadas de fundações de fundações autárquicas por Celso Antônio Bandeira de Melo (2009). É exemplo deste tipo de fundação a FUNAI – Fundação Nacional do Índio. As fundações autárquicas são criadas por lei, não estando submetidas à exigência de inscrição do ato constitutivo no registro civil das pessoas jurídicas. Seus bens são considerados bens públicos, e gozam de privilégios processuais e tributários dados à fazenda pública. Adotam o regime estatutário de pessoal.

FUNDAÇÕES PÚBLICAS COM PERSONALIDADE JURÍDICA DE DIREITO PRIVADO

Estas fundações, apesar criadas e mantidas pelo Poder Público, são regidas pelo direito privado. Também são chamadas de fundações governamentais e seguem um regime jurídico híbrido. São criadas por lei específica, aplicando-se o disposto no art. 37, XIX, CF/88: caberá à lei complementar definir suas finalidades. Por serem mantidas com o patrimônio público, não são fiscalizadas pelo Ministério Público. Seu Controle será feito pelo Tribunal de Contas da União ou estadual, a depender do ente federativo que a criou. Não gozam de privilégios processuais.

EMPRESAS ESTATAIS

A expressão engloba as empresas públicas e as sociedades de economia mista, civis ou empresariais, em que o Poder Público detém o controle acionário, de acordo com o previsto no art. 5º II e III do Decreto-Lei nº 200/1967.

O STF ampliou a interpretação do art. 173 da CF/88, entendendo que tanto as empresas públicas quanto as sociedades de economia mista podem ser criadas para a prestação de serviços públicos ou para a exploração de atividades econômicas. Este entendimento foi validado pelo art. 1º da Lei n.º 13.303/2016.

EMPRESAS PÚBLICAS

Empresas públicas são pessoas jurídicas de direito privado, criadas por autorização legislativa, com totalidade de capital público e regime organizacional livre. São definidas pelo art. 3º da Lei n.º 13.303/2016.

As empresas públicas só serão efetivamente criadas após o registro de seus atos constitutivos no órgão competente. Podem adotar qualquer forma acionária (por exemplo, limitada ou sociedade anônima), mas terão seu capital social formado unicamente por recursos públicos, admitindo a participação acionária de outras pessoas jurídicas de direito público interno e/ou de entidades da administração indireta. Contudo a maioria do capital votante deve pertencer aos entes federativos.

O regime jurídico a que estão submetidas poderá ser predominantemente de direito público (se atuarem em regime de monopólio ou prestando serviços públicos) ou de direito privado (caso explorem atividades econômicas em concorrência com a iniciativa privada).

As causas em que as empresas públicas federais forem autoras, rés, assistentes ou oponentes serão processadas pela Justiça Federal (art. 109, I, CF/88). São exemplos de empresas públicas o BNDES (Banco Nacional de Desenvolvimento Econômico e Social), a CEF (Caixa Econômica Federal) e a EMBRAPA (Empresa Brasileira de Pesquisa Agropecuária).

As empresas públicas possuem as seguintes características fundamentais:

a. criação autorizada por lei específica;
b. expedição de decreto regulamentando a lei;
c. registro dos atos constitutivos em cartório e na Junta Comercial.
b. todo capital é público: nas empresas públicas não existe dinheiro privado integrando o capital social votante;
c. forma organizacional livre
d. suas demandas são de competência da Justiça Federal.

SOCIEDADES DE ECONOMIA MISTA

Sociedades de economia mista são pessoas jurídicas de direito privado, criadas mediante autorização legislativa, com maioria de capital público e organizadas obrigatoriamente como sociedades anônimas. Exemplos: Petrobras, Banco do Brasil, Telebras, Eletrobras e Furnas.

O conceito legal de sociedade de economia mista está previsto no art. 5º, III, do Decreto-lei n. 200/67: "a entidade dotada de personalidade jurídica de direito privado, criada por lei para a exploração de atividade econômica, sob a forma de sociedade anônima, cujas ações com direito a voto pertençam em sua maioria à União ou à entidade da Administração Indireta".

Assim como nas empresas públicas, o conceito de sociedade de economia mista apresentado pelo Decreto-lei n. 200/67 exige dois reparos: são criadas mediante autorização legislativa, e não por lei; além de explorar atividades econômicas, podem também prestar serviços públicos.

O Ente da federação deverá possuir o controle acionário. Para isso, ele deverá possuir a maior parte das ações ordinárias (com direito a voto), sendo permitido vender o remanescente aos particulares interessados. Desta forma, o Estado poderá tomar as decisões essenciais e estratégicas da empresa, e deter o controle sobre sua administração.

As causas das sociedades de economia mista serão julgadas pela justiça estadual, conforme a Súmula 556 do STF ("é competente a Justiça Comum para julgar as causas em que é parte sociedade de economia mista."). São exemplos de Sociedades de Economia Mista a PETROBRAS, o Banco do Brasil e a ELETROBRAS.

CARACTERÍSTICAS

Bastante semelhantes às empresas públicas, as sociedades de economia mista possuem as seguintes características jurídicas relevantes:

a. criação autorizada por lei
b. a maioria do capital é público
c. forma de sociedade anônima
d. demandas são julgadas na justiça comum estadual

Quadro Comparativo

Empresas públicas	Sociedades de economia mista
Base legal: Arts. 5º, II, do Decreto-lei n. 200/67 e 3º da Lei nº 13.303/2016	Base legal: art. 5º, III, do Decreto-lei nº 200/67 e 4º da Lei n. 13.303/2016
Pessoas jurídicas de direito privado	Pessoas jurídicas de direito privado
Totalidade de capital público	Maioria de capital votante é público
Forma organizacional livre	Forma obrigatória de S.A.
As da União têm causas julgadas perante a Justiça Federal	Causas julgadas perante a Justiça Comum Estadual
As estaduais, distritais e municipais têm causas julgadas, como regra, em Varas da Fazenda Pública	As estaduais, distritais e municipais têm causas julgadas em Varas Cíveis

PRESTADORAS DE SERVIÇO PÚBLICO x EXPLORADORAS DE ATIVIDADE ECONÔMICA	
Imunes a impostos	Não têm imunidade
Bens públicos	Bens privados
Responsabilidade objetiva	Responsabilidade subjetiva
Execução por precatório	Execução comum sem precatório
O Estado responde subsidiariamente	O Estado não tem responsabilidade pelos danos causados
Sujeitam-se à impetração de Mandado de Segurança	Não se sujeitam à impetração de Mandado de Segurança contra atos relacionados à sua atividade-fim
Obrigadas a licitar	Obrigadas a licitar, exceto para bens e serviços relacionados com suas atividades finalísticas

EMPRESAS SUBSIDIÁRIAS E EMPRESAS CONTROLADAS

Nas palavras de Mazza (2022) as Empresas subsidiárias são pessoas jurídicas de direito privado pertencentes à Administração indireta, criadas para integrar um grupo empresarial encabeçado por uma holding (empresa-matriz) estatal.

É o caso da Petrobras (empresa estatal holding), que atualmente possui cinco empresas subsidiárias principais a ela vinculadas:

a. Transpetro;
b. Petrobras Distribuidora;
c. Petroquisa;
d. Petrobras Biocombustível;
e. Gaspetro.

De acordo com o art. 37, XX, da CF, "depende de autorização legislativa, em cada caso, a criação de subsidiárias das entidades mencionadas no inciso anterior, assim como a participação de qualquer delas em empresa privada".

Segundo entendimento do STF, é dispensável a autorização legislativa para a criação de empresas subsidiárias, desde que haja previsão para esse fim na própria lei que instituiu a empresa estatal matriz, tendo em vista que a lei criadora é a própria medida autorizadora (ADIn 1.649/DF).

Já as empresas controladas são pessoas jurídicas de direito privado adquiridas integralmente ou com parcela de seu capital social assumido por empresa estatal. Exemplo: a Agip do Brasil hoje é empresa controlada pela Petrobras.

LEI DAS EMPRESAS ESTATAIS

Com fundamento no art. 173, § 1º, da Constituição Federal, foi publicada a Lei n. 13.303, de 30 de junho de 2016, que modificou a ordem jurídica, trazendo um novo arcabouço jurídico aplicável às empresas estatais, especialmente às licitações.

A Lei das Estatais cria regras para nomeação de dirigentes, por exemplo definindo critérios mínimos, visando que pessoas sem experiência na área ou que não possuam certos requisitos técnicos não possam preencher determinados cargos no conselho de administração das empresas estatais.

+ EXERCÍCIOS DE FIXAÇÃO

01. (FCC – 2023 – TRT – 18ª Região – GO – Técnico Judiciário Área Administrativa) A criação de empresa pública para atuar em regime de competição no mercado com empresas privadas

A) não encontra respaldo em nosso ordenamento jurídico, admitindo-se, em tais casos, a criação de sociedade de economia mista com participação pública minoritária.

B) pressupõe imperativo de segurança nacional ou relevante interesse coletivo e demanda prévia autorização legislativa.

C) é inconstitucional, somente sendo autorizada a atuação empresária do Estado para prestação de serviços públicos.

D) somente é viável em caráter excepcional, sendo a empresa criada por lei específica, derrogatória do regime de direito privado.

E) não é juridicamente viável, eis que a intervenção direta do Estado no domínio econômico somente é admissível em regime de monopólio ou em setores regulados.

02. (FGV – 2022 – Senado Federal – Consultor Legislativo – Direito Constitucional, Administrativo, Eleitoral e Processo Legislativo) O ente Gama da administração indireta federal tem personalidade jurídica de direito público, possui patrimônio próprio e foi criado para desenvolver atividade típica de Estado, com liberdade para agir nos limites administrativos da lei específica que o criou.

Diante dessas peculiaridades, é correto afirmar que o ente Gama é uma

A) empresa pública.

B) sociedade de economia mista.

C) organização não governamental.

D) fundação privada.

E) autarquia.

» GABARITO

01. Letra B. Conforme explana a letra da lei:

CRFB/88: art. 37. XIX - somente por lei específica poderá ser criada autarquia e autorizada a instituição de empresa pública, de sociedade de economia mista e de fundação, cabendo à lei complementar, neste último caso, definir as áreas de sua atuação.

Art. 173. Ressalvados os casos previstos nesta Constituição, a exploração direta de atividade econômica pelo Estado só será permitida quando necessária aos imperativos da segurança nacional ou a relevante interesse coletivo, conforme definidos em lei.

02. Letra E. Conforme preleciona o art 5º do Decreto-Lei 200/1967. Para os fins desta lei, considera-se:

I - Autarquia - o serviço autônomo, criado por lei, com personalidade jurídica, patrimônio e receita próprios, para executar atividades típicas da Administração Pública, que requeiram, para seu melhor funcionamento, gestão administrativa e financeira descentralizada.

Gabarito Errado:

Art. 37. A administração pública direta e indireta de qualquer dos Poderes da União, dos Estados, do Distrito Federal e dos Municípios obedecerá aos princípios de legalidade, impessoalidade, moralidade, publicidade e eficiência e, também, ao seguinte.

As empresas públicas integram a Administração Pública Indireta e por isso, sujeita-se aos princípios constitucionais estabelecidos no art 37 da Constituição bem como demais princípios previstos no ordenamento jurídico.

PODERES ADMINISTRATIVOS

O princípio da supremacia do interesse público sobre o interesse particular justifica os poderes conferidos à Administração, bem como a relação de verticalidade entre ela e o particular.

Os poderes administrativos são prerrogativas que a ordem jurídica reconhece à Administração Pública para que possua instrumentos de atuação, tendo em vista a concretização do interesse público e a prevenção do bem comum. São chamados de Poderes-deveres e são instrumentais, ou seja, são mecanismos de trabalho por meio dos quais os órgãos e entidades administrativas executam suas tarefas e cumpre suas funções.

Assevera Celso Antônio Bandeira de Mello (2009) que o ordenamento atribui aos entes públicos obrigações de atendimento às necessidades da coletividade, e só por isso a dota de poderes.

As características são as seguintes:

a. Exercício obrigatório;
b. Irrenunciável;
c. Exercício nos limites da lei

ABUSO DE PODER

A ideia é de que todo ato público deve servir à finalidade para a qual foi criado. A doutrina aponta como abuso de poder situações nas quais a autoridade pública pratica atos extrapolando a competência legal ou com intenção de finalidade diversa daquela prevista em lei.

Nas palavras de José dos Santos Carvalho Filho (2020), "abuso de poder é a conduta ilegítima do administrador, quando atua fora dos objetivos expressa ou implicitamente traçados na lei".

Pode-se afirmar que abuso de poder se configura com o uso irregular do poder ou abuso de poder é um vício que torna o ato administrativo nulo sempre que o agente exerce indevidamente determinada competência administrativa.

O abuso de poder é um gênero, que significa usar de forma inadequada o Poder Público, do qual se desdobram duas espécies, o desvio de poder e o desvio de finalidade.

O desvio de poder ocorre quando determinado indivíduo tem competência para praticar um ato, mas extrapola a competência legal. Segundo Hely Lopes Meirelles (2002), "o excesso de poder ocorre quando a autoridade, embora competente para praticar o ato, vai além do permitido e exorbita no uso de suas faculdades administrativas. Excede, portanto, sua competência legal e, com isso, invalida o ato".

Já o desvio de finalidade, ocorre quando um determinado ato serve para uma finalidade e é desvirtuado para servir outra para a qual não foi criado. Por exemplo, a remoção utilizada com a finalidade punitiva, no caso de um servidor que praticou algum ato ímprobo, que poderia ser punida por meio de um procedimento administrativo disciplinar ou sindicância, mas o chefe, ao invés, decide remover a pessoa alegando interesse público, e determinando que vá para outra localidade. Essa remoção é nula, a própria Administração deve proceder à anulação e se não o fizer esse ato comporta impugnação judicial.

Agindo com abuso de poder, por qualquer de suas formas, o agente submete sua conduta à revisão, judicial ou administrativa.

TREDESTINAÇÃO LÍCITA

A tredestinação resta caracterizada quando o ente público não utiliza o bem para a finalidade inicialmente proposta. A tredestinação pode ser lícita ou ilícita. A primeira ocorre quando, persistindo o interesse público, o expropriante dispensa ao bem desapropriado destino diverso do que planejara no início. A tredestinação ilícita, por sua vez, se dá quando o poder público não confere ao imóvel a utilidade inicialmente prevista, satisfazendo interesses privados.

Os casos de tredestinação lícita está autorizada pela ordem jurídica conforme preleciona o art. 519 do Código Civil: "Se a coisa expropriada para fins de necessidade ou utilidade pública, ou por interesse social, não tiver o destino para que se desapropriou, ou não for utilizada em obras ou serviços públicos, caberá ao expropriado direito de preferência, pelo preço atual da coisa".

PODER VINCULADO E PODER DISCRICIONÁRIO

O poder discricionário e o poder vinculado são, na verdade, formas do exercício dos demais poderes administrativos.

Poder Discricionário é aquele que o direito concede à Administração Pública para a prática de atos administrativos com liberdade na escolha de sua conveniência, oportunidade e conteúdo. Distingue-se do Poder Vinculado pela maior liberdade de ação que é conferida ao administrador.

Nas palavras de (Alexandrino; Paulo, 2021) o Poder Vinculado é aquele de que dispõe a administração para a prática de atos administrativos em que é mínima ou inexistente a sua liberdade de atuação, ou seja, é o poder de que ela se utiliza quando pratica atos vinculados.

Entretanto, é importante ressaltar que toda atuação administrativa é minimamente vinculada à lei. Nos atos vinculados, não há opção de escolha ao administrador, enquanto nos atos discricionários cabe ao administrador uma certa margem de liberdade para decidir e atuar.

Todos os atos administrativos podem submeter-se à apreciação judicial de sua legalidade, sendo essa a consequência natural do princípio da legalidade. O controle judicial, entretanto, não pode ir ao extremo de admitir que o juiz se substitua ao administrador.

CLASSIFICAÇÃO DOS PODERES

A doutrina moderna costuma mencionar 04 (quatro) espécies de poderes a serem exercidos pela Administração Pública. São eles: Poder regulamentar, Poder hierárquico, Poder disciplinar e Poder de polícia.

PODER REGULAMENTAR (PODER NORMATIVO)

Decorrente do poder hierárquico, e é o poder conferido à Administração Pública de expedir normas gerais, ou seja, atos administrativos gerais e abstratos com efeito erga omnes. É o poder de editar normas complementares à lei. São exemplos: regimentos, instruções, deliberações, resoluções e portarias.

O fundamento constitucional da competência regulamentar é o art. 84, IV, da CF. Competência que o texto constitucional atribui ao Presidente da República e estende-se por simetria a Governadores e Prefeitos.

Aduz José dos Santos Carvalho Filho (2020) que existem atos de regulamentação de primeiro grau e atos de regulamentação de segundo grau:

× Atos de regulamentação de primeiro grau – decretos e regulamentos, que vão detalhar e explicar a lei.

× Atos de regulamentação de segundo grau – atos que regulamentam os decretos. São as instruções, orientações e resoluções. Por fim, os regulamentos se dividem em dois grupos:

× Regulamentos executivos (ou Decretos) – é expedido para fiel execução da lei. Trata-se de um ato de 2º grau. É a regra no direito brasileiro.

× Regulamentos autônomos (ou Decretos) – São atos normativos de primeiro grau.

O art. 84, VI, da CF/88 determina que o Presidente da República pode extinguir cargo público, desde que vago, por decreto autônomo, assim como disciplinar matéria de organização administrativa, desde que não gere despesas e não crie ou extinga órgão público, ainda que esteja vago.

Cabe ressaltar que os regulamentos autônomos, por serem atos de primeiro grau, estão sujeitos ao controle de constitucionalidade, e não de legalidade. Não pode a lei estipular um prazo para que o chefe do Poder Executivo faça a sua regulamentação (STF, ADI 4.728/DF, julgada em 12/11/2021).

PODER HIERÁRQUICO

É o poder que consiste nas atribuições de comando, chefia e direção dentro da estrutura administrativa, portanto, é um poder interno e permanente exercido pelos chefes de repartição sobre seus agentes subordinados e pela administração central no atinente aos órgãos públicos.

Há uma relação de subordinação entre os servidores do seu quadro de pessoal, já que há o escalonamento – uma relação de quem emana as ordens e quem as recebe.

Poder hierárquico, assevera Hely Lopes Meirelles (2002), "é o de que dispõe o Executivo para distribuir e escalonar as funções de seus órgãos, ordenar e rever a atuação de seus agentes, estabelecendo a relação de subordinação entre os servidores do seu quadro de pessoal".

A Lei do Processo Administrativo – Lei n. 9.784/99 – prevê dois institutos relacionados com o poder hierárquico: a delegação e a avocação de competências. São institutos com sentidos opostos, pois a delegação distribui temporariamente a competência representando um movimento centrífugo, enquanto a avocação concentra a competência de maneira centrípeta.

Importante ressaltar que a regra é a delegabilidade da competência. Porém, a própria legislação assevera que três competências administrativas são indelegáveis: a) a edição de ato de caráter normativo, b) a decisão em recursos administrativos e c) as matérias de competência exclusiva do órgão ou autoridade.

AVOCAÇÃO DE COMPETÊNCIA

A avocação é o ato discricionário mediante o qual o superior hierárquico traz para si o exercício temporário de determinada competência atribuída por lei a um subordinado. A doutrina enfatiza que a avocação de competência deve ser medida excepcional e devidamente fundamentada.

PODER DISCIPLINAR

O poder disciplinar é definido como o poder dever de punir as infrações funcionais dos servidores e demais pessoas sujeitas a disciplina de órgãos públicos, porém não se confunde o poder punitivo com poder disciplinar.

Afirma Mazza (2022) que o Poder disciplinar é um poder interno, não permanente e discricionário.

Esse poder não é exclusivamente interno, pois também pode ser aplicado em relação às pessoas externas submetidas à Administração.

PODER DE POLÍCIA

O poder de polícia é uma faculdade conferida ao Estado para que possa restringir direitos individuais em face de um potencial benefício, decorrente dessa restrição, para a sociedade.

Em sentido amplo, é qualquer atividade desempenhada pelo Estado, que, de alguma forma, restringe direitos individuais, exercido inclusive pelos Poderes Executivo, Legislativo e Judiciário em suas funções típicas. Decorre do poder estatal de império.

Em um conceito mais estrito é o exercido pelo Poder Executivo, por meio de atos administrativos, na tentativa de conciliar interesses antagônicos.

Conceito legal (artigo 78, do Código Tributário Nacional):

> "Art. 78. Considera-se poder de polícia a atividade da administração pública que, limitando ou disciplinando direito, interesse ou liberdade, regula a prática de ato ou abstenção de fato, em razão de interesse público concernente à segurança, à higiene, à ordem, aos costumes, à disciplina da produção e do mercado, ao exercício de atividades econômicas dependentes de concessão ou autorização do Poder Público, à tranquilidade pública ou ao respeito à propriedade e aos direitos individuais ou coletivos".

Hely Lopes Meirelles (2002): "poder de polícia é a faculdade de que dispõe a Administração Pública para condicionar e restringir o uso e gozo de bens, atividades e direitos individuais, em benefício da coletividade ou do próprio Estado".

Maria Sylvia Zanella Di Pietro (2022): "atividade do Estado consistente em limitar o exercício dos direitos individuais em benefício do interesse público".

São características do Poder de Polícia:

a. atividade restritiva
b. limita liberdade e propriedade
c. em regra tem natureza discricionária
d. em regra cria obrigações de não fazer
e. em regra atinge particulares
f. indelegável

É importante ressaltar que a teoria do ciclo de polícia demonstra que o poder de polícia se desenvolve em quatro fases, cada uma correspondendo a um modo de atuação estatal: a ordem de polícia, o consentimento de polícia, a fiscalização de polícia e a sanção de polícia.

Observação: A doutrina não admite delegação do exercício do poder de polícia a particulares. Segundo entendimento do Supremo Tribunal Federal, poder de polícia só pode ser delegado a pessoas jurídicas de direito público, e não a pessoas jurídicas de direito privado (ADIn 1.717-6).

Entretanto, é possível delegar a particulares atividades materiais preparatórias ao exercício do poder de polícia, já que elas não realizam a fiscalização em si, mas apenas servem de apoio instrumental para que o Estado desempenhe privativamente o poder de polícia. Exemplos: empresa privada que instala radares fotográficos para apoiar na fiscalização do trânsito; e manutenção de presídios administrados pela iniciativa privada.

POLÍCIA ADMINISTRATIVA X POLÍCIA JUDICIÁRIA

A polícia administrativa tem por característica tem caráter predominantemente preventivo. Sujeita-se basicamente pela seara do Direito Administrativo. No Brasil, a polícia administrativa é associada ao chamado policiamento ostensivo, sendo realizada pela Polícia Militar.

Já a polícia judiciária tem atuação preponderante tem natureza repressiva, agindo após a ocorrência do crime para apuração da autoria e materialidade. Sujeita-se basicamente aos princípios e regras do Direito Processual Penal. No ordenamento jurídico vigente, a polícia judiciária é exercida pela Polícia Civil e pela Polícia Federal.

POLÍCIA ADMINISTRATIVA x POLÍCIA JUDICIÁRIA	
Atuação Preventiva (antes do crime)	Atuação Repressiva (após o crime)
Atua sobre bens, direitos ou atividades	Tem seu campo de atuação voltado para as pessoas
Exercida por diversos órgãos da Administração. Ex: Polícia Militar	É exercida pelas polícias civil e federal.
Rege-se pelo Direito Administrativo	Rege-se pelo Direito Processual Penal

ATRIBUTOS DO PODER DE POLÍCIA

A doutrina brasileira, em regra, aponta quatro atributos característicos do exercício do poder de polícia, quais sejam: discricionariedade, autoexecutoriedade, coercibilidade e imperatividade.

A discricionariedade é o poder que a polícia administrativa tem de escolher, dentro dos limites legais, por critérios de conveniência e oportunidade, o ato a ser praticado.

A autoexecutoriedade consiste na possibilidade que certos atos administrativos ensejam de imediata e direta execução pela própria administração, sem necessidade de autorização judicial, podendo até mesmo utilizar-se de força.

A coercibilidade é atributo pelo qual a Administração impõe ao administrado as medidas adotadas.

Imperatividade é o poder que a administração pública tem de impor uma obrigação ao particular, ainda que ele não concorde. Permite que a sanção seja imposta ao particular, ainda que contrárias à vontade deste.

+ EXERCÍCIOS DE FIXAÇÃO

01. (FCC – 2022 – TRT – 14ª Região – RO e AC – Técnico Judiciário – Área Administrativa) Quando o Poder Público interfere na órbita do interesse privado para salvaguardar o interesse público, restringindo direitos individuais, atua no exercício do poder

A) de polícia.

B) hierárquico.

C) regulamentar.

D) disciplinar.

E) estritamente vinculado.

02. (Quadrix – 2023 – CRA-PE – Auxiliar de Secretaria) De acordo com a lei, a doutrina e a jurisprudência, julgue o item, acerca dos poderes e deveres do administrador público.

O poder hierárquico é fundamental para a organização da estrutura da Administração Pública e para a fiscalização da atividade de todos que nela exerçam suas funções, sendo conferido ao administrador o poder para que promova a adequada distribuição e o escalonamento das funções dos órgãos públicos, ordenando e revendo a atuação dos agentes públicos.

» GABARITO

01. Letra A. Segundo afirma Hely Lopes Meirelles (2002): "Poder de polícia é a faculdade de que dispõe a Administração Pública para condicionar e restringir o uso e gozo de bens, atividades e direitos individuais, em benefício da coletividade ou do próprio Estado."

E conforme preleciona o 78 do CTN:

"Art. 78. Considera-se poder de polícia atividade da administração pública que, limitando ou disciplinando direito, interesse ou liberdade, regula a prática de ato ou abstenção de fato, em razão de interesse público concernente à segurança, à higiene, à ordem, aos costumes, à disciplina da produção e do mercado, ao exercício de atividades econômicas dependentes de concessão ou autorização do Poder Público, à tranquilidade pública ou ao respeito à propriedade e aos direitos individuais ou coletivos."

02. Certo. A hierarquia é a relação de subordinação existente entre os vários órgãos e agentes administrativos, com a distribuição de funções e a gradação de autoridade de cada um.

Segundo Hely Lopes Meirelles (2002), o poder hierárquico "é o de que dispõe o Executivo para distribuir e escalonar as funções de seus órgãos, ordenar e rever a atuação de seus agentes, estabelecendo a relação de subordinação entre os servidores do seu quadro de pessoal".

ATO ADMINISTRATIVO

O Poder Público ao expedir uma declaração de vontade, manifestando uma decisão adotada, como requisito legitimador da sua futura atuação. Essa declaração é o ato administrativo.

Os atos administrativos são produzidos no exercício das prerrogativas públicas, sob regime de direito público, e decorre dos seus atributos normativos específicos conferidos pela lei.

Di Pietro (2022) explica que o ato administrativo é uma declaração do Estado, que produz efeitos jurídicos imediatos, sob regime jurídico de direito público e sujeito a controle do Poder Judiciário.

Celso Antônio Bandeira de Mello (2009) afirma que o fato da administração não envolve propriamente uma vontade, sendo uma mera exteriorização ou concretização de uma decisão anterior.

Os fatos administrativos são fatos que produzem efeitos no direito administrativo, por exemplo a morte de um servidor.

SILÊNCIO ADMINISTRATIVO

O silêncio da Administração não pode ser considerado um ato administrativo, salvo quando houver um silêncio qualificado.

Segundo Hely Lopes Meirelles (2002), "a omissão da Administração pode representar aprovação ou rejeição da pretensão do administrado, tudo dependendo do que dispuser a norma competente".

ELEMENTOS DOS ATOS ADMINISTRATIVOS

Não há um consenso na doutrina a respeito sobre a quantidade de elementos ou requisitos dos atos administrativos, o que é mais aceito pela doutrina majoritária é que todo ato administrativo possui cinco elementos, elencados no art. 2º, da Lei 4.717/65 (Lei de Ação Popular).

Diante disso, tomando como referência a lei de ação popular, os pressupostos de validade ou requisitos dos atos administrativos são: competência, a finalidade, a forma e o motivo, além, é claro, do objeto do mesmo ato.

COMPETÊNCIA

É o poder atribuído ao agente administrativo para que ele desempenhe suas funções – é resultante da lei e é por ela determinada – requisito de ordem pública que é, é intransferível e improrrogável pela vontade dos interessados e pode ser delegada, dependendo da Administração Pública. A competência é elemento do ato administrativo sempre vinculado. É possível a sua delegação e avocação.

FINALIDADE

É o requisito que conforma a ação do administrador com o princípio da legalidade, ou seja, o administrador só pode agir cumprindo fins de interesse público, não sendo cabível que ele possa agir em prol do interesse pessoal. A finalidade é sempre elemento vinculado do ato.

FORMA

A forma é a exteriorização do ato, os atos administrativos devem vir revestidos de forma, ou seja, devem vir revestidos de maneira tal para que sejam aceitos com existência jurídica.

MOTIVO

É a situação que determina a realização do ato. É a situação, de direito ou de fato que determina ou autoriza a realização do ato administrativo. Pode vir expresso em lei ou ser deixado ao critério do administrador. No primeiro caso, é vinculado em lei, no segundo, discricionário quanto à sua existência e valoração.

Importante não confundir motivo com motivação. O motivo é elemento obrigatório do ato administrativo, essencial, ou seja, o ato administrativo sem motivo, isto é, sem estar investido dos pressupostos de fato e de direito que justificam sua prática, é totalmente nulo.

Já a motivação, vem a ser a exposição dos motivos que determinam a prática do ato, a exteriorização dos motivos que levaram a Administração a praticar o ato.

Vale ressaltar também que a teoria dos motivos determinantes afirma que uma vez motivado o ato, o motivo se vincula a ele. Então em caso de inexistente ou falho, o ato é nulo, independentemente de a motivação ser obrigatória ou não.

OBJETO

É a alteração no mundo jurídico que o ato quer provocar, é o resultado prático do ato. Exemplo: Dissolver, conceder, indeferir, permitir etc.

ATRIBUTOS DO ATO ADMINISTRATIVO

Os atos administrativos são revestidos de propriedades jurídicas especiais decorrentes de um dos principais princípios que regem a Administração Pública: Supremacia do interesse público sobre o privado.

Nessas características, reside o traço distintivo fundamental entre os atos administrativos e as demais categorias de atos jurídicos, especialmente os atos privados.

A doutrina majoritária faz referência a cinco atributos:

a. presunção de legitimidade;
b. imperatividade;
c. exigibilidade;
d. autoexecutoriedade;
e. tipicidade.

PRESUNÇÃO DE LEGITIMIDADE

O atributo da presunção de legitimidade, também conhecido como presunção de legalidade ou presunção de veracidade, significa que, até prova em contrário, o ato administrativo é considerado válido para o Direito.

A presunção de legitimidade é um atributo universal aplicável a todos os atos administrativos e atos da Administração. Importante destacar que se trata de uma presunção relativa (juris tantum), podendo ser afastada diante de prova inequívoca da ilegalidade do ato.

IMPERATIVIDADE OU COERCIBILIDADE

O atributo da imperatividade é a qualidade pela qual os atos administrativos se impõem a terceiros, independentemente de sua concordância - decorre do "poder extroverso" que permite ao Poder Público.

Assevera Mazza (2022), que o atributo da imperatividade significa que o ato administrativo pode criar unilateralmente obrigações aos particulares, independentemente da anuência destes.

A imperatividade é atributo da maioria dos atos administrativos, não estando presente nos atos enunciativos, como certidões e atestados, nem nos atos negociais, como permissões e autorizações.

EXIGIBILIDADE

É o atributo no qual em virtude da qual o Estado, no exercício da função administrativa, pode exigir de terceiros o cumprimento, a observância, das obrigações que impôs.

A exigibilidade é o atributo do ato administrativo que exige obediência a uma obrigação imposta pela Administração por meios indiretos de coação.

AUTOEXECUTORIEDADE

Segundo esse atributo, o ato, tão logo seja praticado, está apto a ser executado e produzir efeitos, independentemente de intervenção do poder judiciário.

A autoexecutoriedade só é admitida quando existir expressamente essa previsão legal; e houver necessidade de medidas administrativas urgentes.

Para Celso Antônio Bandeira de Mello (2009) é o poder que os atos administrativos têm de serem executados pela própria Administração independentemente de qualquer solicitação ao Poder Judiciário. Quando o Poder Público, por meios próprios, pratica a ação, estaremos diante do atributo da autoexecutoriedade. Um exemplo é o caso da demolição de imóveis construídos irregularmente em áreas de preservação ambiental.

TIPICIDADE

Segundo esse atributo, o ato administrativo deve sempre corresponder a uma forma previamente prevista em lei. A tipicidade decorre do princípio da legalidade, ou seja, se a administração só pode fazer o que está previsto em lei.

Atributo criado pela doutrina de Maria Sylvia Di Pietro (2022) "Tipicidade é o atributo pelo qual o ato administrativo deve corresponder as figuras definidas previamente pela lei como aptas a produzir determinados resultados.

FASES DE CONSTITUIÇÃO DO ATO ADMINISTRATIVO

Para que possa produzir efeitos, o ato administrativo, deve passar por algumas fases indispensáveis à sua formação e atuação.

Nas palavras de Celso Antônio Bandeira de Mello (2009) o ato administrativo: "é perfeito quando esgotadas todas as fases necessárias à sua produção".

Perfeição diz respeito à situação do ato cujo processo de formação já está concluído. Validade, por sua vez, trata da adequação dos atos às exigências normativas. Por fim, eficácia é a situação de disponibilidade para produção dos efeitos típicos, próprios dos atos.

CLASSIFICAÇÃO DOS ATOS ADMINISTRATIVOS

QUANTO AO GRAU DE LIBERDADE

Atos vinculados são os que a administração pratica sem margem alguma de liberdade de decisão, no qual contém todos os seus elementos constitutivos vinculados à lei.

Já os Atos discricionários, são aqueles que a administração pode praticar com certa liberdade de escolha, nos termos e limites da lei, quanto ao seu conteúdo, seu modo de realização, sua oportunidade e sua conveniência administrativas.

Quanto aos destinatários, os atos podem ser classificados em:

× Atos gerais – são aqueles que não tem destinatário certo ou específico, tendo caráter de norma. Ex.: edital de concurso público.
× Atos individuais – são os que tem um destinatário certo ou específico. O ato geral prevalece sobre o ato individual. O ato individual pode ter como destinatário um sujeito ou sujeitos específicos. Se subdividem em singulares e plurais.
× O Ato individual singular – nomeação de um sujeito para um cargo comissionado.
× O Ato individual plural – nomeação de diversos sujeitos para um cargo efetivo.

QUANTO ÀS PRERROGATIVAS

× Atos de império – são os atos administrativos propriamente ditos, revestidos de imperatividade. A Administração atua com supremacia e prerrogativas.

- × Atos de gestão – são os atos praticados com a finalidade de gerir os bens e serviços do Poder Público. Não há necessidade do uso das prerrogativas dadas pelo regime de direito público. O Estado age em situação de igualdade com o particular.
- × Atos de expediente – são os atos destinados a unicamente dar andamento às atividades da Administração.

QUANTO À FORMAÇÃO

- × Ato simples – os que dependem da manifestação de vontade de um único órgão. Ex.: alvará de construção dado por uma prefeitura.
- × Ato complexo – o que depende de duas ou mais manifestações de vontade, que ocorrem em patamar de igualdade, em órgãos diferentes. Ex.: nomeação de dirigente de agência reguladora (Senado Federal aprova + Presidente da República nomeia); concessão inicial de aposentadoria.
- × Ato composto – também depende de duas ou mais manifestações de vontade, que ocorrem em patamar de desigualdade. A primeira é principal e a segunda é secundária, sendo que ambas ocorrem dentro de um mesmo órgão. Ex: atos que dependem do visto, da confirmação do chefe.

QUANTO AOS EFEITOS

- × Atos constitutivos - São aqueles que alteram uma relação jurídica, criando, modificando ou extinguindo direitos do destinatário. Exemplo: Nomeação de servidores (cria), alteração de horário de funcionamento do órgão (modifica), cassação de uma licença (extingue).
- × Atos declaratórios - Apenas declaram uma situação jurídica preexistente, visando resguardar um direito do destinatário. Exemplo: Expedição de certidão.
- × Atos enunciativos - Têm como característica a indicação de um juízo de valor, tão somente, dependendo, portanto, de outros atos de caráter decisório. Exemplo: Pareceres.

QUANTO À FORMAÇÃO E EFICÁCIA

- × Ato perfeito – para a doutrina majoritária, perfeição significa cumprir o ciclo de formação (percorreu a sua trajetória).

- × Ato válido – o ato administrativo é válido quando cumpre os requisitos previstos em lei, sem vícios. Validade é a situação jurídica que resulta da conformidade do ato com a lei ou como outro ato de grau mais elevado.
- × Ato eficaz – se o ato cumpre seus requisitos e está pronto (idôneo) para produzir efeitos, é eficaz, ainda que penda de condição suspensiva.

Ainda, os atos administrativos podem ser:

- × Ato nulo – é o ato que é contaminado por um vício insanável ou nulidade absoluta. A decisão terá efeito ex tunc, retroagindo ao momento de produção do ato.
- × Ato anulável – é o ato contaminado pelo vício sanável, admitindo a convalidação. A convalidação gera efeitos ex tunc, retroagindo ao momento da produção. Diante de um ato anulável, a administração deve convalidá-lo quando isso ser possível, não sendo decisão discricionária.

A única exceção é o caso em que o vício se deu em razão de incompetência da autoridade. A autoridade competente não necessariamente teria a mesma decisão que incompetente tomou, logo, a Administração não necessariamente irá convalidá-lo. Os vícios relacionados à competência admitem a convalidação, sendo denominado ratificação, desde que não se trate de matéria de competência exclusiva.

Em relação aos vícios quanto à forma, também será possível a ratificação, desde que a forma não seja essencial à validade do ato. Já relação ao motivo e a finalidade, se o ato estiver contaminado, jamais poderá ser convalidado.

Em se tratando do objeto, quando ele for ilegal, não poderá ser convalidado. Todavia, é possível falar em conversão, a qual ocorre quando há a transformação de um ato inválido em outro ato, de outra categoria, e com efeitos retroativos.

ESPÉCIES DE ATOS ADMINISTRATIVOS

Diante da variedade de atos administrativos tipificados pela legislação brasileira exige um esforço de identificação das diversas categorias. A mais conhecida sistematização é a empreendida por Hely Lopes Meirelles (2002), que divide os atos administrativos em cinco espécies:

- × Atos normativos;
- × Atos ordinatórios;

60 DIREITO ADMINISTRATIVO

- × Atos negociais;
- × Atos enunciativos;
- × Atos punitivos.

Atos normativos: São aqueles que contêm comandos, em regra, gerais e abstratos para viabilizar o cumprimento da lei. Exemplos: decretos, regulamentos, aviso, instrução normativa, deliberações, resoluções e regimentos.

Atos ordinatórios: Consolidam-se em manifestações internas da Administração que disciplinam a conduta dos agentes públicos. Exemplos: Portarias, circular, ordem de serviço, despacho, memorando e ofício.

Atos negociais: São aqueles atos por meio dos quais a administração concede direitos em concordância com o interesse de particulares. Exemplos: Autorizações, concessões e licenças.

Atos enunciativos: São os atos administrativos, que declaram fatos ou situações. Exemplos: Atestado, certidão, parecer.

Atos punitivos: São atos por meio dos quais o Poder Público determina a aplicação de sanções. Podem decorrer do poder disciplinar. Exemplo: Sanções e demissão.

EXTINÇÃO DOS ATOS ADMINISTRATIVOS

Os atos administrativos estão sujeitos ao regime de Direito Público, por serem praticados no exercício de atribuições públicas, sendo assim, o ato administrativo permanecerá em vigor, no mundo jurídico até que algo capaz de alterar esta situação lhe aconteça.

O desfazimento do ato administrativo poderá ser resultado do reconhecimento de sua legitimidade, de vícios na sua formação, ou poderá simplesmente advir da desnecessidade de sua existência.

A extinção dos atos administrativos poderá se dar por:
- × Revogação;
- × Anulação;
- × Cassação;
- × Caducidade

REVOGAÇÃO

Revogação é a extinção do ato administrativo válido, com eficácia *ex nunc*, praticada pela Administração Pública e fundada em razões de interesse público (conveniência e oportunidade).

Nesse sentido, estabelece o art. 53 da Lei n. 9.784/99: "A Administração deve anular seus próprios atos, quando eivados de vício de legalidade, e pode revogá-los por motivo de conveniência ou oportunidade, respeitados os direitos adquiridos".

Com o mesmo teor, a Súmula 473 do STF enuncia: "A administração pode anular seus próprios atos, quando eivados de vícios que os tornam ilegais, porque deles não se originam direitos; ou revogá-los, por motivo de conveniência ou oportunidade, respeitados os direitos adquiridos, e ressalvada, em todos os casos, a apreciação judicial".

A doutrina menciona vários tipos de atos administrativos que não podem ser revogados, tais como:

a. atos que geram direito adquirido;

b. atos já exauridos;

c. atos vinculados, como não envolvem juízo de conveniência e oportunidade, não podem ser revogados;

d. atos enunciativos que apenas declaram fatos ou situações, como certidões, pareceres e atestados;

e. atos preclusos no curso de procedimento administrativo: a preclusão é óbice à revogação.

ANULAÇÃO

É a retirada de ato administrativo pelo poder público, em razão de uma ilegalidade. A anulação pode ser feita tanto pela via judicial quanto por ato da própria Administração (autotutela).

A anulação opera efeitos *ex tunc* (retroage à data de origem, aniquilando todos os efeitos produzidos, ressalvados os direitos adquiridos de terceiro de boa-fé).

Importante destacar que não existe direito adquirido à manutenção de um ato anulável no ordenamento jurídico, mas tão somente a manutenção de determinados efeitos deste ato. Exemplo: Por causa da Teoria da Aparência, a nomeação de servidor sem concurso público é nula, mas os atos praticados são válidos, em atenção ao princípio da segurança jurídica.

Os direitos adquiridos por terceiro de boa-fé, por sua vez, são resguardados, não podendo ser atingidos pela anulação do ato que ensejava benefícios aos seus destinatários.

A anulação poderá ser feita pela própria Administração Pública ou pelo Poder Judiciário, desde que provocado por particular interessado.

Súmula nº 473 - A administração pode anular seus próprios atos, quando eivados de vícios que os tornam ilegais, porque deles não se originam direitos; ou revogá-los, por motivo de conveniência ou oportunidade, respeitados os direitos adquiridos, e ressalvada, em todos os casos, a apreciação judicial.

O direito de a Administração anular um ato ilegal decai em cinco anos, salvo se comprovada a má-fé do administrado (art. 53 e seguintes da Lei 9.784/99).

CASSAÇÃO

Nesse tipo de extinção, haverá a invalidação de um ato que nasceu regular, mas que no momento da sua execução passa a existir uma desconformidade. Há efeito retroativo ao momento da produção do ato viciado.

CADUCIDADE

É a extinção do ato pelo surgimento de uma lei posterior incompatível com o ato inicialmente válido.

+ EXERCÍCIOS DE FIXAÇÃO

01. (FCC – 2023 – TRT – 18ª Região – GO – Técnico Judiciário Área Administrativa) Quando constatado que as razões de fato ou de direito consignadas para a prática de determinado ato administrativo são falsas, tem-se

A) vício de motivo, sendo cabível a invalidação administrativa ou judicial do ato, ainda que se trate de ato discricionário.

B) vício de finalidade, não passível de invalidação em sede judicial, salvo em se tratando de ato vinculado.

C) ato jurídico inexistente, dada a ausência de um de seus elementos constitutivos essenciais.

D) vício meramente formal, descabendo invalidação na medida em que o motivo é elemento extrínseco ao ato.

E) a obrigação de convalidação do ato pela autoridade superior, no exercício da autotutela administrativa, com a correção da falha identificada.

02. (CESPE / CEBRASPE – 2023 – DPE-RO – Defensor Público Substituto) Ato administrativo eivado de nulidade do qual se tenham valido beneficiários hipossuficientes que deliberadamente tiraram proveito do erro da administração, com comprovada má-fé,

A) poderá ser revogado pelo Poder Judiciário, se for impugnado por meio de ação popular.

B) poderá ser revogado pela administração, desde que esta o faça no prazo de cinco anos.

C) deverá ser cassado pela administração, a qualquer tempo.

D) não poderá ser revisto administrativamente, pois gerou direitos a pessoas hipossuficientes.

E) deverá ser anulado pela administração, a qualquer tempo.

» GABARITO

01. Letra A. O requisito motivo em ato administrativo são as razões de fato e de direito que dão ensejo à prática do ato.

Quando os motivos apresentados são falsos ou inverídicos haverá o Ato ilegal.

A ilegalidade pode recair sobre atos discricionários ou vinculados.

A anulação pode ser feita pela própria Administração ou pelo poder Judiciário.

02. Letra E. Poderá ser anulado a qualquer tempo, tendo em vista a má-fé dos beneficiários do ato.

Qual o prazo de que dispõe a Administração Pública federal para anular um ato administrativo ilegal?

Regra: 5 anos

Exceções: Em caso de má-fé. Se ficar comprovada a má-fé, não haverá prazo, ou seja, a Administração Pública poderá anular o ato administrativo mesmo que já tenha se passados mais de 5 anos.

LICITAÇÕES PÚBLICAS

CONSIDERAÇÕES INICIAIS

Com a promulgação da nova Lei de Licitações e Contratos Administrativos em 1º de abril de 2021, a gestão pública brasileira passa a operar em um novo marco legal, em substituição às Leis nº 8.666/1993 (Lei de Licitações), 10.520/2002 (Lei do Pregão) e 12.462/2011 (Regime Diferenciado de Contratações - RDC), além de abordar temas relacionados.

Por dois anos, os órgãos públicos puderam optar entre a utilização da legislação antiga ou da nova, ao fim dos quais a nova Lei passará a ser obrigatória para todos. Entretanto, o presidente Luiz Inácio Lula da Silva editou uma medida provisória (MP) 1.167/2023 que prorroga até 30 de dezembro de 2023 a validade de três leis sobre compras públicas: a antiga Lei de Licitações (Lei 8.666, de 1993), o Regime Diferenciado de Compras – RDC (Lei 12.462, de 2011) e a Lei do Pregão (Lei 10.520, de 2002).

Importante ressaltar que a parte criminal da Lei nº 8.666 não existe mais, ela foi passada para o Código Penal. A nova lei também não trouxe a parte criminal, cuja previsão também está agora no Código Penal.

Dos Crimes e das Penas e o Processo Judicial – revogação imediata
II – A Lei n. 8.666, de 21 de junho de 1993, a Lei n. 10.520, de 17 de julho de 2002, e os arts. 1º a 47-A da Lei n. 12.462, de 4 de agosto de 2011, após decorridos 2 (dois) anos da publicação oficial desta Lei.

Mesmo depois de encerrado o prazo de 2 (dois) anos de validade das leis antigas, elas ainda continuarão sendo utilizadas para os contratos firmados ainda nesse período. Se até o dia 1 de abril de 2023 for escolhida a Lei n. 8.666, a Lei n.10.520 ou a lei do RDC (Lei n. 12.462/11), os contratos dela ainda seguirão os seus normativos.

As demais Leis especiais que tratam sobre licitações e contratos continuam sendo aplicadas nos seus termos (Ex: Lei n. 13.303/2016; Lei

n. 8.987/1995; Lei n. 11.079/2004 etc), com pequenas alterações em alguns dispositivos.

A licitação é um procedimento administrativo pelo qual são realizadas às contratações públicas, realizado em uma série correlacionados a uma série de atos, legalmente distribuídos, com a celebração do contrato.

O art. 37, XXI, da CRFB determina que os contratos administrativos sejam precedidos de licitação pública, bem como o art. 175 da Carta Magna, ao tratar das outorgas de Concessões e Permissões, também faz referência à obrigatoriedade de licitar, imposta ao ente estatal.

Adotamos como conceito de licitação a definição do ilustre jurista Marçal Justen Filho (2005), que assim afirma: "A licitação é um procedimento administrativo disciplinado por lei e por um ato administrativo prévio, que determina critérios objetivos de seleção de proposta da contratação mais vantajosa, com observância do princípio da Isonomia, conduzido por um órgão dotado de competência específica."

Em regra, todas as vezes que a Administração Pública precisar celebrar contratos, ela o fará mediante prévia licitação. As exceções ficam a cargo das hipóteses de contratação direta.

O artigo 22, XXVII, da Constituição Federal firma a competência privativa da União para legislar sobre normas gerais de licitações e contratos administrativos, em todas as modalidades para a Administração Direta e Indireta de qualquer dos poderes da União, Estados, Distrito Federal e Municípios.

Sendo assim, as normas da União, quando forem gerais, terão aplicação para todos os entes federativos, sendo que estes poderão expedir normas específicas para regulamentação de seus procedimentos licitatórios, desde que observadas as normas genéricas trazidas na legislação federal.

ABRANGÊNCIA DA LEI 14.133/2021

O art. 1º da Lei 14.133/2021 consagra a abrangência da Lei de Licitações e Contratos Administrativos, prevendo normas gerais que serão aplicadas para Administrações Públicas diretas, autárquicas e fundacionais da União, dos Estados, do Distrito Federal e dos Municípios

> Art. 1º Esta Lei estabelece normas gerais de licitação e contratação para as Administrações Públicas diretas, autárquicas e fundacionais da União, dos Estados, do Distrito Federal e dos Municípios, e abrange:

I - os órgãos dos Poderes Legislativo e Judiciário da União, dos Estados e do Distrito Federal e os órgãos do Poder Legislativo dos Municípios, quando no desempenho de função administrativa;

II - os fundos especiais e as demais entidades controladas direta ou indiretamente pela Administração Pública.

As Administrações Públicas Diretas são os órgãos que fazem parte da corporação administrativa tais como Ministérios, Secretarias, Departamentos, polícias, Receita Federal.

As Autarquias e Fundações integram a Administração Pública Indireta, a Lei não diferenciou as Fundações, sendo, portanto, qualquer uma que integre a Administração Pública: são as Fundações Públicas ou de direito público ou de direito privado.

Os fundos especiais nada mais são, por exemplo, do que o Fundo de Desenvolvimento da região Centro-Oeste, é dinheiro que é destacado e colocado para desenvolvimento de determinadas regiões. Esses fundos são gerenciados por alguém e quando houver necessidade de licitação, faz-se a licitação com base na Lei n. 14.133/2021.

INAPLICABILIDADE DA NOVA LEI DE LICITAÇÕES

Os arts. 1º, §1º e 3º da Lei 14.133/2021 tratam das hipóteses em que não será possível a aplicação da nova Lei de Licitações e Contratos Administrativos, são elas:

× As empresas públicas, as sociedades de economia mista e as suas subsidiárias, regidas pela Lei 13.303/2016. Contudo, aplicam-se os dispositivos referentes aos crimes em licitações e contratos administrativos.

> Segundo entendimento do STF reafirmou que o regime de licitações é inaplicável às sociedades de economia mista. O regime de licitação e contratação previsto na Lei nº 8.666/93 é inaplicável às sociedades de economia mista que explorem atividade econômica própria das empresas privadas, concorrendo, portanto, no mercado. Não é possível conciliar o regime previsto na Lei nº 8.666/93 com a agilidade própria desse tipo de mercado que é movido por intensa concorrência entre as empresas que nele atuam. STF. Plenário. RE 441280/RS, Rel. Min. Dias Toffoli, julgado em 6/3/2021 (Info 1008).

× Contratos que tenham por objeto operação de crédito, interno ou externo, e gestão de dívida pública, incluídas as contratações de agente financeiro e a concessão de garantia relacionadas a esses contratos;

× Contratações sujeitas a normas previstas em legislação própria.

> Art. 1º, § 1º Não são abrangidas por esta Lei as empresas públicas, as sociedades de economia mista e as suas subsidiárias, regidas pela Lei nº 13.303, de 30 de junho de 2016, ressalvado o disposto no art. 178 desta Lei.
> Art. 3º Não se subordinam ao regime desta Lei
> I - contratos que tenham por objeto operação de crédito, interno ou externo, e gestão de dívida pública, incluídas as contratações de agente financeiro e a concessão de garantia relacionadas a esses contratos;
> II - contratações sujeitas a normas previstas em legislação própria.

A Licitação tem como finalidade viabilizar a melhor contratação possível para o poder público, sempre buscando a proposta mais vantajosa ao Estado, evitar contratações com sobrepreço ou com preços manifestamente inexequíveis e superfaturamento na execução dos contratos, buscar incentivar inovações e o desenvolvimento nacional sustentável, bem como permitir que qualquer pessoa tenha condições isonômicas de participar das contratações públicas, desde que preencha os requisitos legais, consoante disposição do art. 11 da lei 14.133/21.

PRINCÍPIOS DA LICITAÇÃO

A Lei 14.133/2021 ampliou o rol de princípios em relação à Lei 8.666/1993, trata-se de um rol exemplificativo. A maioria dos princípios listados são aplicados a todo o Direito Administrativo e não apenas à Lei de Licitações e Contratos.

O procedimento licitatório deve observar os princípios constitucionais aplicáveis à Administração Pública, sejam os princípios expressos no art. 37, caput, e demais dispositivos da Constituição Federal, sejam aqueles implícitos no ordenamento jurídico, além dos princípios específicos que serão abordados doravante.

Sendo assim, a realização do procedimento licitatório deve observar a legalidade, no que tange às normas aplicáveis ao seu procedimento, a impessoalidade que representa, inclusive, uma das finalidades da licitação, sem que haja favoritismos ou escolhas em razão da pessoa a celebrar o contrato, a moralidade, sendo conduzida a licitação em respeito aos padrões éticos e morais, além da garantia de eficiência inerente a toda atuação do Poder Público.

PRINCÍPIO DA COMPETIVIDADE

O Princípio da Competividade visa assegurar que a licitação promova a maior competitividade possível entre os licitantes, promovendo uma

68 DIREITO ADMINISTRATIVO

maior participação dos interessados e, consequentemente, aumentando as chances de a Administração contratar a proposta mais vantajosa.

No art. 3º, da Lei 8.666/1993, já eram encontradas ideias relativas ao Princípio da Competitividade que continuam sendo aplicadas no contexto da nova lei, a exemplo da proibição de inserção nos editais de licitação de barreiras de entrada, as quais limitam a participação no processo licitatório.

PRINCÍPIO DA VINCULAÇÃO AO EDITAL

O edital é a "lei" interna da licitação, e deve definir tudo o que for importante para o certame, vinculando os licitantes e a Administração Pública à sua observância. Hely Lopes Meirelles (2002) já dispunha que "o edital é a lei da licitação". Tal assertiva é verdadeira, mas deve ser interpretada com muita cautela porque o edital não é lei. Em verdade, o edital é ato administrativo, submisso à lei, devendo ser formulado de acordo com as disposições legais.

PRINCÍPIO DA IGUALDADE

Trata-se de um princípio geral do direito, previsto no art. 5º, I e no art. 37, da CF. Significa que a Administração não poderá fazer distinção entre os participantes da licitação, conforme se depreende do art. 9º da Lei 14.133/2021. Salienta-se que se trata de uma igualdade material e não meramente formal.

PRINCÍPIO DO JULGAMENTO OBJETIVO

Esse princípio se perfaz na hipótese em que o administrador deve observar critérios objetivos definidos no ato convocatório para o julgamento das propostas. Afasta a possibilidade de o julgador utilizar-se de fatores subjetivos ou de critérios não previstos no ato convocatório, mesmo que em benefício da própria Administração, garantindo-se a segurança jurídica.

PRINCÍPIO DO SIGILO DAS PROPOSTAS

Este princípio está explicitado no art. 13 da lei 14.133/21 e não contradiz o princípio da publicidade, que deve ser observado na realização de licitações públicas.

Com efeito, as licitações são públicas e, embora as ações praticadas durante o procedimento licitatório não possam, em princípio, ser mantidas em sigilo, as propostas expostas pelos licitantes permanecem confidenciais até a data de abertura do envelope e após são submetidas à discussão pública.

Até este momento, previamente determinado pelo edital, um licitante não pode conhecer a oferta do outro, pois a violação do sigilo da oferta constitui crime previsto no artigo Art. 337-J do Código Penal.

PRINCÍPIO DA PUBLICIDADE E TRANSPARÊNCIA

A doutrina entende que exigência da publicidade e da transparência já era extraída da própria Constituição. Os atos de publicidade e transparência serão concentrados no sitio eletrônico do Portal Nacional das Contratações Públicas (PNCP), previsto no art. 174 da Lei 14.133/2021.

PRINCÍPIO DA ECONOMICIDADE

Eficiência requer a solução mais eficiente e conveniente para a gestão dos recursos públicos. O órgão público tem o dever de administrar os recursos públicos, onerando o mínimo possível a administração.

PRINCÍPIO DA SEGREGAÇÃO DE FUNÇÕES

A segregação de funções é um princípio há muito adotado no âmbito dos órgãos de controle interno da administração pública e a separação de poderes e atividades de cada servidor ao longo de um procedimento administrativo e suas fases.

No âmbito dos procedimentos licitatórios, cabe destacar que cada etapa deste procedimento deve ser realizada por diferentes órgãos públicos. Assim, um servidor ficará encarregado da autorização outro terá que aprovar, um terceiro agente ficará encarregado da execução controle e contabilidade, por sua vez, são atividades que lhe serão confiadas por outros agentes.

O princípio de segregação de funções é princípio que tem como finalidade evitar a ocorrência de equívocos, fraudes e utilização irregular de recursos públicos.

TIPOS DE LICITAÇÃO

Importante ressaltar que tipos de licitação não devem ser confundida com a expressão Modalidades de licitação. Os Tipos de licitação se vinculam ao critério de julgamento da licitação.

70 DIREITO ADMINISTRATIVO

São considerado tipos de licitação: "menor preço", "maior desconto", "melhor técnica ou conteúdo artístico", "técnica e preço", "maior retorno econômico" e "maior lance".

Sendo assim, quatro critérios podem ser estabelecidos, no edital, como forma de escolha do vencedor do certame. São os chamados tipos de licitação e estão definidos nos artigos 33 e seguintes da lei 14.133/21. São tipos de licitação, a saber:

A. MENOR PREÇO – A Administração é orientada a selecionar a proposta de preço mais baixo entre os competidores.

B. MAIOR DESCONTO – Nesses casos, o julgamento terá como referência o preço global fixado no edital de licitação, e o referido desconto deverá será estendido aos eventuais termos aditivos.

C. MELHOR TÉCNICA OU CONTEÚDO ARTÍSTICO – Trata-se de licitação que tem por critério de escolha a qualidade do produto a ser adquirido ou do serviço a ser prestado.

D. TÉCNICA E PREÇO – Nas licitações deste tipo, a escolha do vencedor será adequada, quando a variação de qualidade da prestação refletir na satisfação das necessidades do Estado. Sendo assim, será feita uma análise de preço bem como de qualidade do bem ou serviço a ser prestado pelo vencedor.

Destaca-se conforme os moldes do art. 38 da lei 14.133/21: "No julgamento por melhor técnica ou por técnica e preço, a obtenção de pontuação devido à capacitação técnico-profissional exigirá que a execução do respectivo contrato tenha participação direta e pessoal do profissional correspondente".

E. MAIOR LANCE – A licitação do tipo maior lance se verifica para alienação pela Administração Pública de bens e direitos, e é apropriada para o leilão, modalidade licitatória que utiliza sempre como critério de escolha do vencedor o maior lance, igual ou superior ao valor da avaliação feita pelo ente público.

F. MAIOR RETORNO ECONÔMICO – deve ser utilizado exclusivamente para a celebração de contrato de eficiência, considerará a maior economia para a Administração, e a remuneração deverá ser fixada em percentual que incidirá de forma proporcional à economia efetivamente obtida na execução do contrato.

PRAZO MÍNIMO

É o prazo mínimo exigido por lei que deve ser respeitado entre a publicação do anúncio de concurso e a data de abertura dos documentos e dos envelopes de concurso. Ou melhor, o prazo obrigatório que o ente público deve respeitar entre a publicação do edital e o início do evento.

Este prazo é exigido por lei e é suficiente para permitir que todos os interessados no concurso exponham os documentos solicitados e a oferta no quadro especificado no edital.

Cada modalidade licitatória deve respeitar um prazo de intervalo mínimo diferente, conforme disposição do art. 55, da lei 14.133/21. Ressalta-se, ainda, que qualquer alteração no edital que modifique as obrigações da licitação ou a formulação das propostas exige a reabertura do prazo de intervalo mínimo, para que os licitantes se adéquem às novas regras.

Sendo assim, vejamos os prazos de intervalo mínimo.

OBJETO	PRAZO DE INTERVALO MÍNIMO
Aquisição de bens	8 dias úteis – licitação tipo menor preço ou maior desconto.
	15 dias úteis – outros casos
Serviços e obras	10 dias úteis – licitação tipo menor preço ou maior desconto para obras e serviços comuns.
	25 dias úteis – licitação tipo menor preço ou maior desconto para obras e serviços especiais.
	60 dias úteis – contratos sob regime de contratação integrada
	35 dias úteis - contratos sob regime de contratação semi integrada e outras hipóteses não abrangidas anteriormente
Alienação de bens	15 dias úteis – quando se tratar de maior lance
Contratações especiais	35 dias úteis – nos casos de licitações do tipo melhor técnica ou conteúdo artístico ou técnica e preço

Por fim, ressalte-se que os prazos de intervalo mínimo apresentados acima poderão, mediante decisão fundamentada, ser reduzidos até a metade nas licitações realizadas pelo Ministério da Saúde, no âmbito do Sistema Único de Saúde (SUS).

MODALIDADES LICITATÓRIAS

A lei prevê 5 modalidades licitatórias, entretanto a lei expressamente veda a criação de novas modalidades licitatórias e a combinação das modalidades existentes.

Atente-se para o fato de que a nova legislação suprimiu as modalidades licitatórias do convite e da tomada de preço que eram definidas para contratações de valores baixos e médios respectivamente, não sendo mais o valor um critério de definição da modalidade licitatória.

O Regime Diferenciado de Contratações (RDC) também configurava modalidade autônoma regulada pela lei 12.462/11, específica para determinados contratos, com procedimento próprio estabelecido nessa lei. Essa modalidade também deixa de existir com a nova legislação.

Por fim, foi criado o diálogo competitivo como nova modalidade de licitação, mais moderna e que permite a discussão de técnicas de prestação e tecnologia entre a Administração Pública e os particulares interessados na contratação.

CONCORRÊNCIA

É uma modalidade de licitação para contratos de bens e serviços especiais, bem como obras de engenharia e serviços gerais e especiais. É considerada uma modalidade genérica no qual as partes interessadas podem participar.

Nesse método, aceita-se que o menor preço, a melhor técnica ou conteúdo artístico, a técnica e o preço o maior retorno econômico ou o maior desconto sejam aplicados como critério para selecionar o vencedor. Assim, caracteriza-se como uma forma mais ampla, abrangendo quase todos os tipos de ofertas.

Pela natureza do objeto, a concorrência é obrigatória na execução de determinados contratos, dada a importância dada a esses acordos. Nestes casos, a lei limita a modalidade do concurso à concorrência ou ao diálogo competitivo.

CONCURSO

O concurso demonstra o interesse da Administração Pública em selecionar trabalhos técnicos, científicos ou artísticos com certas capacidades personalíssimas para incentivar o desenvolvimento cultural. Nesta modalidade, há instituição de prêmios ou remuneração aos vencedores, nos moldes definidos pelo art. 30 da lei 14.133/21.

A licitação na modalidade concurso observará as regras e condições previstas em edital, que indicará a qualificação exigida dos participantes, as diretrizes e formas de apresentação do trabalho e as condições de realização e o prêmio ou remuneração a ser concedida ao vencedor.

Nos concursos destinados à elaboração de projeto, o vencedor deverá ceder à Administração Pública todos os direitos patrimoniais relativos ao projeto e autorizar sua execução conforme juízo de conveniência e oportunidade das autoridades competentes.

LEILÃO

Na definição de Marçal Justen Filho (2005), "o Leilão se peculiariza pela concentração, em uma única oportunidade, de diversos atos destinados à seleção da proposta mais vantajosa".

É um procedimento apropriado para a alienação de bens pelo maior preço. Por esse motivo se torna desnecessária uma fase de habilitação destinada à investigação de peculiaridades do interessado, devendo ser adjudicado o objeto logo após a fase de lances e ultrapassada a interposição de recursos.

Esta modalidade licitatória serve para alienação de bens pelo poder público àquele que ofertar o maior preço, seja ele igual ou superior ao valor da avaliação. Nesse sentido, o art. 6º, XL da lei 14.133/21 dispõe que o leilão é "modalidade de licitação para alienação de bens imóveis ou de bens móveis inservíveis ou legalmente apreendidos a quem oferecer o maior lance".

O leilão é realizado pelo leiloeiro, que pode ser o leiloeiro oficial ou um servidor designado pela Administração Pública para cumprir a função de leiloeiro.

Essa modalidade será precedida da divulgação do edital em sítio eletrônico oficial – devendo também ser afixado em local de grande circulação de pessoas, como forma de garantir maior publicidade.

O leilão será sempre do tipo MAIOR LANCE, sendo que a administração somente pode alienar o bem para lance vencedor que seja igual ou superior ao valor da avaliação. Nesses casos, o intervalor mínimo a ser respeitado é de 15 dias úteis, nos termos da lei.

PREGÃO

Inicialmente, o pregão foi instituído como modalidade específica das agências reguladoras, uma vez regulado pela Lei 9.472/97, que instituiu a ANATEL (Agência Nacional de Telecomunicações), e Lei 9.478/97, que instituiu a ANP(Agência Nacional do Petróleo).

Tais diplomas legais estabeleciam que essas autarquias em regime especial realizariam procedimento licitatório nas modalidades pregão e consulta. Em 2000, foi editada a Medida Provisória 2.026/2000 que estendeu a sua aplicação aos órgãos e entidades da União Federal, não sendo, ainda, possível a utilização de pregão para as licitações em âmbito estadual, distrital e municipal. Após várias reedições, chegou-se na atual Lei 10.520/02, em que o Pregão teve sua atuação estendida para todos os entes da Administração Pública, em todas as esferas de poder.

Com a edição da lei 14.133/21, o pregão se mantém como modalidade geral.

O Pregão surgiu para aperfeiçoar o regime de licitações levando a uma maior competitividade e ampliando a oportunidade de participar das licitações, contribuindo para desburocratizar os procedimentos para a habilitação e etapas do procedimento, por ser mais célere e visando a busca pelas contratações de preços mais baixos pelos entes da Administração Pública.

Com a edição da lei 14.133/21, essa sistemática é totalmente modificada, haja vista não haver diferença legal entre os procedimentos do pregão e da concorrência.

Com efeito, o pregão, assim como a concorrência, atualmente, é realizado de forma a acirrar as disputas pelas contratações com o Estado, admitindo, em seu procedimento, a realização de lances verbais, com o intuito de permitir sempre a contratação de menor custo, observadas as disposições referentes aos requisitos mínimos de qualidade.

Nesse sentido, o pregão é modalidade licitatória definida para aquisição de bens e serviços comuns, cujos padrões mínimos de qualidade serão previamente estipulados no instrumento convocatório. Ressalte-se que, conforme disposto no art. 29 da lei 14.133/21, serviços e bens comuns são aqueles que podem ser designados no edital com expressão usual de mercado. O que se busca no pregão é sempre a melhor contratação pelo menor preço.

No pregão, não há designação de comissão licitante, uma vez que o responsável pela realização do pregão é o pregoeiro, que será um servidor designado para esta função. A lei ainda prevê a designação de equipe de apoio, que não se trata de comissão licitante e serve apenas para auxiliar o pregoeiro na realização do certame. A licitação, na modalidade pregão, será sempre do tipo MENOR PREÇO ou MAIOR DESCONTO.

DIÁLOGO COMPETITIVO

Trata-se de modalidade de licitação criada com a edição da Lei 14.133/2021, utilizada para contratação de obras, serviços e compras em que a Administração Pública realiza diálogos com licitantes previamente selecionados mediante critérios objetivos, com o intuito de desenvolver uma ou mais alternativas capazes de atender às suas necessidades, devendo os licitantes apresentar proposta final após o encerramento dos diálogos. É uma modalidade que tem fundamento nos procedimentos licitatórios da União Europeia.

Essa modalidade permite que seja implementado um diálogo entre o ente estatal e seus fornecedores para encontrarem a melhor solução para atender às necessidades do poder público. Isso ocorre porque, muitas vezes, os produtos ou serviços disponíveis no mercado não atendem à necessidade da Administração e precisam ser adaptados caso a caso.

FASES DA LICITAÇÃO

A Lei 14.133/2021, em relação à Lei 8.666/93, alterou significativamente a sistemática das fases da licitação. Contudo, não produziu uma inovação no ordenamento jurídico, já que incorporou o que está previsto na Lei do Pregão e na Lei do RDC.

A Nova Lei de Licitações mantém a sistemática de divisão em fase interna e fase externa, tratando de forma mais detalhada cada uma das etapas.

O art. 17 da Nova Lei de Licitações estabelece as etapas de todo o processo licitatório.

Art. 17. O processo de licitação observará as seguintes fases, em sequência:

I. preparatória;
II. de divulgação do edital de licitação;
III. de apresentação de propostas e lances, quando for o caso;
IV. de julgamento;
V. de habilitação;
VI. recursal;
VII. de homologação.

FASE INTERNA OU PREPARATÓRIA

CONCEITO

Compreende os atos iniciais e preparatório praticados por cada órgão e entidade administrativa para efetivação da licitação.

A fase preparatória do processo licitatório é caracterizada pelo planejamento e deve compatibilizar-se com o plano de contratações anual e com as leis orçamentárias, bem como abordar todas as considerações técnicas, mercadológicas e de gestão que podem interferir na contratação, compreendidos:

A descrição da necessidade da contratação fundamentada em estudo técnico preliminar que caracterize o interesse público envolvido.

O estudo técnico preliminar é o documento constitutivo da primeira etapa do planejamento de uma contratação que caracteriza o interesse público envolvido e a sua melhor solução e dá base ao anteprojeto, ao termo de referência ou ao projeto básico a serem elaborados caso se conclua pela viabilidade da contratação.

A definição do objeto para o atendimento da necessidade, por meio de termo de referência, anteprojeto (casos de contração integrada), projeto básico ou projeto executivo, conforme o caso;

A definição das condições de execução e pagamento, das garantias exigidas e ofertadas e das condições de recebimento;

O orçamento estimado (estimativa do que será gasto com a contratação), com as composições dos preços utilizados para sua formação.

Destaca-se que o valor estimado não é mais utilizado para a definição da modalidade de licitação.

ELABORAÇÃO DO EDITAL DE LICITAÇÃO

A elaboração de minuta de contrato, quando necessária, que constará obrigatoriamente como anexo do edital de licitação.

O regime de fornecimento de bens, de prestação de serviços ou de execução de obras e serviços de engenharia, observados os potenciais de economia de escala.

A modalidade de licitação, o critério de julgamento, o modo de disputa e a adequação e eficiência da forma de combinação desses parâmetros, para os fins de seleção da proposta apta a gerar o resultado de contratação mais vantajoso para a Administração Pública, considerado todo o ciclo de vida do objeto.

A motivação circunstanciada das condições do edital, tais como justificativa de exigências de qualificação técnica, mediante indicação das parcelas de maior relevância técnica ou valor significativo do objeto, e de qualificação econômico-financeira, justificativa dos critérios de pontuação e julgamento das propostas técnicas, nas licitações com julgamento por melhor técnica ou técnica e preço, e justificativa das regras pertinentes à participação de empresas em consórcio.

A análise dos riscos que possam comprometer o sucesso da licitação e a boa execução contratual.

A motivação sobre o momento da divulgação do orçamento da licitação, observado o art. 24 desta Lei.

PAPEL DOS ÓRGÃOS DA ADMINISTRAÇÃO

Os órgãos da Administração com competências regulamentares relativas às atividades de administração de materiais, de obras e serviços e de licitações e contratos deverão:

× Instituir instrumentos que permitam, preferencialmente, a centralização dos procedimentos de aquisição e contratação de bens e serviços;

× Criar catálogo eletrônico de padronização de compras, serviços e obras, admitida a adoção do catálogo do Poder Executivo federal por todos os entes federativos. O catálogo poderá ser utilizado em licitações cujo critério de julgamento seja o de menor preço ou o de maior desconto e conterá toda a documentação e os procedimentos próprios da fase interna de licitações, assim como as especificações dos respectivos objetos, conforme disposto em regulamento. A não utilização do catálogo eletrônico de padronização dos modelos de minutas de deverá ser justificada por escrito e anexada ao respectivo processo licitatório.

× Instituir sistema informatizado de acompanhamento de obras, inclusive com recursos de imagem e vídeo;

× Instituir, com auxílio dos órgãos de assessoramento jurídico e de controle interno, modelos de minutas de editais, de termos de referência, de contratos padronizados e de outros documentos, admitida a adoção das minutas do Poder Executivo federal por todos os entes federativos.

O edital é o instrumento convocatório da licitação, não existe mais a carta convite.

APRESENTAÇÃO DAS PROPOSTAS

O art. 55 da Lei 14.133/2021 trata dos prazos de apresentação das propostas, os quais são contados a partir da data de divulgação do edital, variando de acordo com o objeto licitado.

O modo de disputa é tratado no art. 56 da Nova Lei de Licitações, podendo ser aberto ou fechado. Destaca-se que os modos podem ser conjugados.

É possível a exigência de garantias, como requisito de pré-habilitação, que não poderá ser superior a 1% do valor estimado para a contração.

São modalidades de garantia:

× Caução em dinheiro ou em títulos da dívida pública;
× Seguro-garantias;
× Fiança bancária.

A garantia poderá ser perdida nos casos em que houver recusa em assinar o contrato ou não houver apresentação dos documentos para contratação.

JULGAMENTO

O julgamento das propostas será realizado de acordo com os seguintes critérios: o menor preço; o maior desconto; melhor técnica ou conteúdo artístico; técnica e preço; o maior lance, no caso de leilão; o maior retorno econômico.

Serão desclassificadas as propostas que:

× Contiverem vícios insanáveis;
× Não obedecerem às especificações técnicas pormenorizadas no edital;
× Apresentarem preços inexequíveis ou permanecerem acima do orçamento estimado para a contratação;
× Não tiverem sua exequibilidade demonstrada, quando exigido pela Administração;
× Apresentarem desconformidade com quaisquer outras exigências do edital, desde que insanável.

O art. 60 da Lei 14.133/2021 define amplos critérios de desempate e o art. 61 abre a possibilidade de negociação com o primeiro colocado. São novidades em relação à Lei 8.666/93, mas já havia menção na Lei do RDC, na Lei das Estatais.

HABILITAÇÃO

A habilitação é a fase licitatória em que é verificada a quantidade de informações e documentos necessários e suficientes para demonstrar a capacitância do licitante para a execução do objeto da licitação, dividindo-se em:

× Jurídica técnica; fiscal, social e trabalhista; econômico-financeira. Após a entrega dos documentos para habilitação, não será permitida a substituição ou a apresentação de novos documentos, salvo em sede de diligência, para:

× complementação de informações acerca dos documentos já apresentados pelos licitantes e desde que necessária para apurar fatos existentes à época da abertura do certame;

× atualização de documentos cuja validade tenha expirado após a data de recebimento das propostas.

ENCERRAMENTO DA LICITAÇÃO

Encerradas as fases de julgamento e habilitação, e exauridos os recursos administrativos, o processo licitatório será encaminhado à autoridade superior, que poderá:

× Determinar o retorno dos autos para saneamento de irregularidades;

× Revogar a licitação por motivo de conveniência e oportunidade;

× Proceder à anulação da licitação, de ofício ou mediante provocação de terceiros, sempre que presente ilegalidade insanável;

× Adjudicar o objeto e homologar a licitação.

O motivo determinante para a revogação do processo licitatório deverá ser resultante de fato superveniente devidamente comprovado. Nos casos de anulação e revogação, deverá ser assegurada a prévia manifestação dos interessados.

CONTRATAÇÃO DIRETA

A contratação direta compreende hipótese em que o Poder Público não irá licitar, podendo ocorrer dispensa da licitação ou caso de inexigibilidade, está disciplinada no art. 72 da Lei 14.133/2021.

> Art. 72. O processo de contratação direta, que compreende os casos de inexigibilidade e de dispensa de licitação, deverá ser instruído com os seguintes documentos:

I - Documento de formalização de demanda e, se for o caso, estudo técnico preliminar, análise de riscos, termo de referência, projeto básico ou projeto executivo;

II - Estimativa de despesa, que deverá ser calculada na forma estabelecida no art. 23 desta Lei;

III - Parecer jurídico e pareceres técnicos, se for o caso, que demonstrem o atendimento dos requisitos exigidos;

IV - Demonstração da compatibilidade da previsão de recursos orçamentários com o compromisso a ser assumido;

V - Comprovação de que o contratado preenche os requisitos de habilitação e qualificação mínima necessária;

VI - Razão da escolha do contratado;

VII - Justificativa de preço;

VIII - Autorização da autoridade competente.

Parágrafo único. O ato que autoriza a contratação direta ou o extrato decorrente do contrato deverá ser divulgado e mantido à disposição do público em sítio eletrônico oficial.

A própria Constituição, em seu Art. 37, XXI conferiu a possibilidade de o legislador fixar casos em que a licitação não irá ocorrer.

INEXIGIBILIDADE DE LICITAÇÃO

A licitação será inexigível quando a competição entre os licitantes for inviável, em especial (rol exemplificativo) nos seguintes casos:

× Aquisição de materiais, de equipamentos ou de gêneros ou contratação de serviços que só possam ser fornecidos por produtor, empresa ou representante comercial exclusivos.

Aqui, a Administração deverá demonstrar a inviabilidade de competição mediante atestado de exclusividade, contrato de exclusividade, declaração do fabricante ou outro documento idôneo capaz de comprovar que o objeto é fornecido ou prestado por produtor, empresa ou representante comercial exclusivos, vedada a preferência por marca específica.

× Contratação de profissional do setor artístico, diretamente ou por meio de empresário exclusivo, desde que consagrado pela crítica especializada ou pela opinião pública;

× Contratação dos seguintes serviços técnicos especializados de natureza predominantemente intelectual com profissionais ou empresas de notória especialização, vedada a inexigibilidade para serviços de publicidade e divulgação:

a. estudos técnicos, planejamentos, projetos básicos ou projetos executivos;

b. pareceres, perícias e avaliações em geral;

c. assessorias ou consultorias técnicas e auditorias financeiras ou tributárias;

d. fiscalização, supervisão ou gerenciamento de obras ou serviços;

e. patrocínio ou defesa de causas judiciais ou administrativas;

f. treinamento e aperfeiçoamento de pessoal;

g. restauração de obras de arte e de bens de valor histórico;

h. controles de qualidade e tecnológico, análises, testes e ensaios de campo e laboratoriais, instrumentação e monitoramento de parâmetros específicos de obras e do meio ambiente e demais serviços de engenharia que se enquadrem no disposto neste inciso;

Assemelha-se a hipótese do art. 25, II, da Lei 8.666/93 que era conjugado com o art. 13.

A Lei 14.133/2021 aglutinou os dispositivos.

Considera-se de notória especialização o profissional ou a empresa cujo conceito no campo de sua especialidade, decorrente de desempenho anterior, estudos, experiência, publicações, organização, aparelhamento, equipe técnica ou outros requisitos relacionados com suas atividades, permita inferir que o seu trabalho é essencial e reconhecidamente adequado à plena satisfação do objeto do contrato.

× Objetos que devam ou possam ser contratados por meio de credenciamento. Não estava previsto expressamente na Lei 8.666/93, mas era hipótese admitida tanto pela doutrina quanto pela jurisprudência do TCU.

O credenciamento é um procedimento auxiliar da licitação, está disciplinado no art. 79 da Lei 14.133/2021.

× Aquisição ou locação de imóvel cujas características de instalações e de localização tornem necessária sua escolha (constava como hipótese de dispensa de licitação na Lei 8.666/93 – art. 24, X), devendo ser observados os seguintes requisitos:

a) avaliação prévia do bem, do seu estado de conservação, dos custos de adaptações, quando imprescindíveis às necessidades de utilização, e do prazo de amortização dos investimentos;

b) certificação da inexistência de imóveis públicos vagos e disponíveis que atendam ao objeto;

c) justificativas que demonstrem a singularidade do imóvel a ser comprado ou locado pela Administração e que evidenciem vantagem para ela.

DISPENSA DE LICITAÇÃO

As hipóteses de dispensa de licitação estão previstas no art. 75 da Lei 14.133/2021. Algumas hipóteses já estavam previstas no art. 24 da Lei 8.666/93, algumas foram modificadas e outras não apareciam no regime anterior.

É dispensável a licitação:

× Para contratação que envolva valores inferiores a R$ 100.000,00 (cem mil reais), no caso de obras e serviços de engenharia ou de serviços de manutenção de veículos automotores.

Esse valor já era previsto nas dispensas de licitação nas Leis das Estatais.

Observações:

1ª. Deve ser considerado para definição do valor o somatório do que for despendido no exercício financeiro pela respectiva unidade gestora, bem como o somatório da despesa realizada com objetos de mesma natureza, entendidos como tais aqueles relativos a contratações no mesmo ramo de atividade.

Não se aplica o somatório no caso contratações de até R$ 8.000,00 (oito mil reais) de serviços de manutenção de veículos automotores de propriedade do órgão ou entidade contratante, incluído o fornecimento de peças.

2ª. Os valor poderão serão duplicados para compras, obras e serviços contratados por consórcio público ou por autarquia ou fundação qualificadas como agências executivas na forma da lei.

3ª. Salienta-se que as contratações, aqui, serão preferencialmente precedidas de divulgação de aviso em sítio eletrônico oficial, pelo prazo mínimo de 3 dias úteis, com a especificação do objeto pretendido e com a manifestação de interesse da Administração em obter propostas adicionais de eventuais interessados, devendo ser selecionada a proposta mais vantajosa. Perceba que se trata de um processo simplificado de contratação.

4ª. Serão preferencialmente pagas por meio de cartão de pagamento, cujo extrato deverá ser divulgado e mantido à disposição do público no Portal Nacional de Contratações Públicas (PNCP).

× Para contratação que envolva valores inferiores a R$ 50.000,00 (cinquenta mil reais), no caso de outros serviços e compras.

Aplica-se as mesmas observações mencionadas acima para os valores inferiores a R$ 100.000,00.

× Para contratação que mantenha todas as condições definidas em edital de licitação realizada há menos de 1 ano, quando se verificar que naquela licitação:

a. não surgiram licitantes interessados ou não foram apresentadas propostas válidas (licitação deserta);

b. as propostas apresentadas consignaram preços manifestamente superiores aos praticados no mercado ou incompatíveis com os fixados pelos órgãos oficiais competentes (licitação fracassada);

Perceba que há aqui uma aglutinação das hipóteses de dispensa de licitação previstas no art. 24, V (licitação deserta) e VII (licitação fracassada). A nova Lei de Licitação, contudo, incluiu o limite temporal de menos de um ano. Portanto, não se admite contratação direta quando a licitação deserta ou fracassada ocorreu após um ano.

× Para contratação que tenha por objeto:

a. bens, componentes ou peças de origem nacional ou estrangeira necessários à manutenção de equipamentos, a serem adquiridos do fornecedor original desses equipamentos durante o período de garantia técnica, quando essa condição de exclusividade for indispensável para a vigência da garantia;

b. bens, serviços, alienações ou obras, nos termos de acordo internacional específico aprovado pelo Congresso Nacional, quando as condições ofertadas forem manifestamente vantajosas para a Administração;

c. produtos para pesquisa e desenvolvimento, limitada a contratação, no caso de obras e serviços de engenharia, ao valor de R$ 300.000,00 (trezentos mil reais);

Importante consignar que quando aplicada a obras e serviços de engenharia, seguirá procedimentos especiais instituídos em regulamentação específica.

d. transferência de tecnologia ou licenciamento de direito de uso ou de exploração de criação protegida, nas contratações realizadas por instituição científica, tecnológica e de inovação (ICT) pública ou por agência de fomento, desde que demonstrada vantagem para a Administração;

e. hortifrutigranjeiros, pães e outros gêneros perecíveis, no período necessário para a realização dos processos licitatórios correspondentes, hipótese em que a contratação será realizada diretamente com base no preço do dia;

f. bens ou serviços produzidos ou prestados no País que envolvam, cumulativamente, alta complexidade tecnológica e defesa nacional;

g. materiais de uso das Forças Armadas, com exceção de materiais de uso pessoal e administrativo, quando houver necessidade de manter a padronização requerida pela estrutura de apoio logístico dos meios navais, aéreos e terrestres, mediante autorização por ato do comandante da força militar;

h. bens e serviços para atendimento dos contingentes militares das forças singulares brasileiras empregadas em operações de paz no exterior, hipótese em que a contratação deverá ser justificada quanto ao preço e à escolha do fornecedor ou executante e ratificada pelo comandante da força militar;

i. abastecimento ou suprimento de efetivos militares em estada eventual de curta duração em portos, aeroportos ou localidades diferentes de suas sedes, por motivo de movimentação operacional ou de adestramento;

j. coleta, processamento e comercialização de resíduos sólidos urbanos recicláveis ou reutilizáveis, em áreas com sistema de coleta seletiva de lixo, realizados por associações ou cooperativas formadas exclusivamente de pessoas físicas de baixa renda reconhecidas pelo poder público como catadores de materiais recicláveis, com o uso de equipamentos compatíveis com as normas técnicas, ambientais e de saúde pública;

k. aquisição ou restauração de obras de arte e objetos históricos, de autenticidade certificada, desde que inerente às finalidades do órgão ou com elas compatível;

l. serviços especializados ou aquisição ou locação de equipamentos destinados ao rastreamento e à obtenção de provas previstas nos incisos II e V do caput do art. 3º da Lei nº 12.850, de 2 de agosto de 2013, quando houver necessidade justificada de manutenção de sigilo sobre a investigação;

× Nos casos de guerra, estado de defesa, estado de sítio, intervenção federal ou de grave perturbação da ordem;

× Nos casos de emergência ou de calamidade pública, quando caracterizada urgência de atendimento de situação que possa ocasionar prejuízo ou comprometer a continuidade dos serviços públicos ou a segurança de pessoas, obras, serviços, equipamentos e outros bens, públicos ou particulares, e somente para aquisição dos bens necessários ao atendimento da situação emergencial ou calamitosa e para as parcelas de obras e serviços que possam ser concluídas no prazo máximo de 1 ano (antes era até seis meses), contado da data de ocorrência da emergência ou da calamidade, vedadas a prorrogação dos respectivos contratos e a recontratação de empresa já contratada com base no disposto neste inciso

Considera-se emergencial a contratação por dispensa com objetivo de manter a continuidade do serviço público, e deverão ser observados os valores praticados pelo mercado na forma do art. 23 desta Lei e adotadas as providências necessárias para a conclusão do processo licitatório, sem prejuízo de apuração de responsabilidade dos agentes públicos que deram causa à situação emergencial.

Para a aquisição, por pessoa jurídica de direito público interno, de bens produzidos ou serviços prestados por órgão ou entidade que integrem a Administração Pública e que tenham sido criados para esse fim específico, desde que o preço contratado seja compatível com o praticado no mercado.

Não mais importa a data de criação do órgão ou entidade.

× Quando a União tiver que intervir no domínio econômico para regular preços ou normalizar o abastecimento;

× Para celebração de contrato de programa com ente federativo ou com entidade de sua Administração Pública indireta que envolva prestação de serviços públicos de forma associada nos termos autorizados em contrato de consórcio público ou em convênio de cooperação;

× Para contratação em que houver transferência de tecnologia de produtos estratégicos para o Sistema Único de Saúde (SUS), conforme elencados em ato da direção nacional do SUS, inclusive por ocasião da aquisição desses produtos durante as etapas de absorção tecnológica, e em valores compatíveis com aqueles definidos no instrumento firmado para a transferência de tecnologia;

× Para contratação de profissionais para compor a comissão de avaliação de critérios de técnica, quando se tratar de profissional técnico de notória especialização;

× Para contratação de associação de pessoas com deficiência, sem fins lucrativos e de comprovada idoneidade, por órgão ou entidade da Administração Pública, para a prestação de serviços, desde que o preço contratado seja compatível com o praticado no mercado e os serviços contratados sejam prestados exclusivamente por pessoas com deficiência;

× Para contratação de instituição brasileira que tenha por finalidade estatutária apoiar, captar e executar atividades de ensino, pesquisa, extensão, desenvolvimento institucional, científico e tecnológico e estímulo à inovação, inclusive para gerir administrativa e financeiramente essas atividades, ou para contratação de instituição dedicada à recuperação social da pessoa presa, desde que o contratado tenha inquestionável reputação ética e profissional e não tenha fins lucrativos;

× Para aquisição, por pessoa jurídica de direito público interno, de insumos estratégicos para a saúde produzidos por fundação que, regimental ou estatutariamente, tenha por finalidade apoiar órgão da Administração Pública direta, sua autarquia ou fundação em projetos de ensino, pesquisa, extensão, desenvolvimento institucional, científico e tecnológico e de estímulo à inovação, inclusive na gestão administrativa e financeira necessária à execução desses projetos, ou em parcerias que envolvam transferência de tecnologia de produtos estratégicos para o SUS, nos termos do inciso XII do caput deste artigo, e que tenha sido criada para esse fim específico em data anterior à entrada em vigor desta Lei, desde que o preço contratado seja compatível com o praticado no mercado.

LICITAÇÃO DISPENSADA

As hipóteses de licitação dispensada, previstas no art. 76 da Lei 14.133/2021, basicamente, equivalem-se as hipóteses previstas no art. 17 da Lei 8.666/93.

Prevalece que se trata de hipótese de atuação vinculada. Além disso, a nova Lei de Licitações não acabou com a polêmica se seria norma específica ou geral. O STF, na ADI 927, entendeu que o art. 17, I, "b" e "c", II, "b" e "c" e §1º da Lei 8.666/93 seriam normas específicas e não gerais, podendo os Estados, Municípios e DF estabelecerem regras diversas.

A alienação de bens da Administração Pública, subordinada à existência de interesse público devidamente justificado, será precedida de avaliação e obedecerá às seguintes normas:

× Tratando-se de bens imóveis, inclusive os pertencentes às autarquias e às fundações, exigirá autorização legislativa e dependerá de licitação na modalidade leilão, dispensada a realização de licitação nos casos de:

a. dação em pagamento;

b. doação, permitida exclusivamente para outro órgão ou entidade da Administração Pública, de qualquer esfera de governo, ressalvado o disposto nas alíneas "f", "g" e "h";

c. permuta por outros imóveis que atendam aos requisitos relacionados às finalidades precípuas da Administração, desde que a diferença apurada não ultrapasse a metade do valor do imóvel que será ofertado pela União, segundo avaliação prévia, e ocorra a torna de valores, sempre que for o caso;

d. investidura;

e. venda a outro órgão ou entidade da Administração Pública de qualquer esfera de governo;

f. alienação gratuita ou onerosa, aforamento, concessão de direito real de uso, locação e permissão de uso de bens imóveis residenciais construídos, destinados ou efetivamente usados em programas de habitação ou de regularização fundiária de interesse social desenvolvidos por órgão ou entidade da Administração Pública;

g. alienação gratuita ou onerosa, aforamento, concessão de direito real de uso, locação e permissão de uso de bens imóveis comerciais de âmbito local, com área de até 250 m² (duzentos e cinquenta metros quadrados) e destinados a programas de regularização fundiária de interesse social desenvolvidos por órgão ou entidade da Administração Pública;

h. alienação e concessão de direito real de uso, gratuita ou onerosa, de terras públicas rurais da União e do Instituto Nacional de Colonização e Reforma Agrária (Incra) onde incidam ocupações até o limite de que trata o § 1º do art. 6º da Lei nº 11.952, de 25 de junho de 2009, para fins de regularização fundiária, atendidos os requisitos legais;

i. legitimação de posse de que trata o art. 29 da Lei nº 6.383, de 7 de dezembro de 1976, mediante iniciativa e deliberação dos órgãos da Administração Pública competentes;

j. legitimação fundiária e legitimação de posse de que trata a Lei nº 13.465, de 11 de julho de 2017;

× Tratando-se de bens móveis, dependerá de licitação na modalidade leilão, dispensada a realização de licitação nos casos de:

a. doação, permitida exclusivamente para fins e uso de interesse social, após avaliação de oportunidade e conveniência socioeconômica em relação à escolha de outra forma de alienação;

b. permuta, permitida exclusivamente entre órgãos ou entidades da Administração Pública;

c. venda de ações, que poderão ser negociadas em bolsa, observada a legislação específica;

d. venda de títulos, observada a legislação pertinente;

e. venda de bens produzidos ou comercializados por entidades da Administração Pública, em virtude de suas finalidades;

f. venda de materiais e equipamentos sem utilização previsível por quem deles dispõe para outros órgãos ou entidades da Administração Pública.

CREDENCIAMENTO

O credenciamento é um processo administrativo de chamamento público em que a Administração Pública convoca interessados em prestar serviços ou fornecer bens para que, preenchidos os requisitos necessários, se credenciem no órgão ou na entidade para executar o objeto quando convocados. Está disciplinado no art. 79 da Nova Lei de Licitações.

PRÉ-QUALIFICAÇÃO

A pré-qualificação é um procedimento seletivo prévio à licitação, convocado por meio de edital, destinado à análise das condições de habilitação, total ou parcial, dos interessados ou do objeto.

SRP – SISTEMA DE REGISTRO DE PREÇOS

Consiste em um conjunto de procedimentos para realização, mediante contratação direta ou licitação nas modalidades pregão ou concorrência, de registro formal de preços relativos à prestação de serviços, a obras e a aquisição e locação de bens para contratações futuras. A Lei 14.133/2021 ampliou a atuação do SRP, permitindo sua utilização para locação.

LICITAÇÕES DE GRANDE VULTO

A lei estipula que são consideradas de grande vulto todas as licitações de Obras, serviços e compras cujo valor estimado seja superior a 200.000.000,00 (duzentos milhões de reais).

Para essas contratações, o poder público deve se ater a determinadas exigências legais que tem a intenção de reduzir riscos da contratação e evitar prejuízos em valores muito altos ao ente estatal. Nesse sentido, a lei determina que, quando a contratação se referir a obras e serviços de grande vulto ou forem adotados os regimes de contratação integrada e semi-integrada, o edital obrigatoriamente contemplará matriz de alocação de riscos entre o contratante e o contratado, sendo que nas demais espécies de contratações, essa matriz é uma faculdade da Administração.

Também, é possível que o poder público exija que a empresa, para firmar contratos de grande vulto, tenha programa de integridade (compliance) efetivado, ou que o implemento no prazo máximo de 6 (seis) meses após a celebração do acordo.

Por fim, nas contratações de obras e serviços de engenharia de grande vulto, poderá ser exigida a prestação de garantia, na modalidade seguro-garantia, com cláusula de retomada prevista, em percentual equivalente a até 30% (trinta por cento) do valor inicial do contrato. Nesses casos, a empresa seguradora poderá assumir o remanescente da obra ou serviço em caso de descumprimento contratual, admitida a subcontratação ou pagar o prêmio acordado.

LICITAÇÃO INTERNACIONAL

As licitações internas são aquelas realizadas pela Administração Pública, com ampla participação de empresas brasileiras, consórcios de empresas e empresas estrangeiros que operam no país excepcionalmente com a participação de empresas sediadas em outros países aos quais se aplica o regulamento. Nessa esteira, as empresas e sociedades estrangeiras que não cumprirem tais requisitos não podem participar de licitações internamente realizadas no Brasil. Nesses casos, em determinadas situações, para atender às necessidades da Administração Pública frente às limitações do mercado, é possível a realização de licitações internacionais.

A lei 14.133/21 determina que o edital não poderá prever condições de habilitação, classificação e julgamento que constituam barreiras de acesso ao licitante estrangeiro, admitida a previsão de margem de preferência para bens produzidos no País e serviços nacionais que atendam às normas técnicas brasileiras.

Assim, o poder público pode dar preferência à aquisição de produtos nacionais mediante justificativa prévia e como forma de garantia do desenvolvimento nacional sustentável, mas não pode dificultar ou inviabilizar a competição de empresas estrangeiras que tenham interesse em participar de certames licitatórios no Brasil.

+ EXERCÍCIOS DE FIXAÇÃO

01. (IBADE – 2022 – CRC-RO – Assistente Administrativo) A Lei de Licitações 8666/93, que estava vigente há quase trinta anos, foi alterada pela Lei 14.133, a nova Lei de Licitações, que foi sancionada em 1º de abril de 2021. Com a nova Lei de Licitações, extinguiu-se as seguintes modalidades:

A) leilão e pregão.

B) convite e concorrência.

C) tomada de preços e convite.

D) concorrência e tomada de preços.

E) pregão e tomada de preços.

02. (CESPE / CEBRASPE – 2022 – Telebras – Especialista em Gestão de Telecomunicações – Auditoria) Ao contrário da Lei nº 8.666/1993, a nova lei estabelece que, de regra, a fase de habilitação é posterior à fase de julgamento das propostas.

Certo

Errado

» GABARITO

01. Letra C. Com a lei 14.133, a nova Lei de Licitações, extinguiu-se duas moda-lidades: a tomada de preços e o convite. A extinção das duas modalidades deu-se em razão de que, na nova legislação, o valor estimado de licitação não é mais um fator que define a modalidade de licitação.

02. Certo. Essa é uma inovação trazida pela nova Lei de Licitações (Lei nº 14.133/2021) para garantir maior celeridade ao processo licitatório, já que, colocando a fase de habilitação em momento posterior à fase de julgamento, a Adm. Pública terá que se preocupar apenas com a habilitação do vencedor, e não de todos os participantes, como ocorria na Lei nº 8.666/93.

CONTRATOS ADMINISTRATIVOS

A Lei 14.133/2021 manteve algumas características dos contratos administrativos que havia na Lei 8.666/93 e inovou em relação à repartição de riscos, às garantias.

Os contratos administrativos são manifestações de vontade entre duas ou mais pessoas com o objetivo de solenizar um negócio jurídico, com a participação do Poder Público, atuando com todas as prerrogativas decorrentes da supremacia do interesse público, visando sempre a busca da coletividade.

Nesse sentido, Maria Sylvia Zanella di Pietro (2022) dispõe que "no contrato administrativo, a Administração age como poder público, com poder de império na relação jurídica contratual; não agindo nessa qualidade, o contrato será de direito privado".

Com efeito, essas prerrogativas dão ensejo à existência das chamadas cláusulas exorbitantes, previstas no art. 104 da lei 14.133/21 e implicitamente presente em todos os contratos administrativos.

Estas cláusulas definem garantias ao poder público contratante de modificação unilateral dos contratos, para os adequar ao interesse geral, de resolução unilateral do contrato por incumprimento contratual ou justificada por razões de interesse público, aplicação das sanções previstas na lei, fiscalização e controlo dos contratos celebrados, bem como a possibilidade, concedida ao Estado, de ocupação temporária dos bens do contratante, de forma a evitar a descontinuidade do serviço prestado, se necessário.

Esses requisitos exorbitantes não se aplicam a contratos públicos privados, exceto em circunstâncias especiais que devem ser expressamente previstas nos instrumentos do acordo decorrente diretamente da legislação aplicável.

Os contratados administrativos regem-se, predominantemente, por um regime jurídico de direito público. Aplicam-se, supletivamente, as normas de direito privado, nos casos de lacuna ou omissão.

Neste sentido, o art. 89 da Lei 14.133/2021.

> Art. 89. Os contratos de que trata esta Lei regular-se-ão pelas suas cláusulas e pelos preceitos de direito público, e a eles serão aplicados, supletivamente, os princípios da teoria geral dos contratos e as disposições de direito privado.

Salienta-se que o Poder Público também irá celebrar contratos privados, a exemplo de um contrato de locação, de um contrato de seguro. O que difere um contrato administrativo de um contrato privado, basicamente, por dois critérios:

CONTRATOS ADMINISTRATIVOS	CONTRATOS PRIVADOS
Relação jurídica verticalizada, há um desequilíbrio contratual, a Administração Pública possui prerrogativas.	Relação jurídica horizontal, há um equilíbrio entre o Poder Público e o particular.
Regidos pelo direito público.	Regidos pelo direito privado, predominantemente.

A Administração convocará regularmente o licitante vencedor para assinar o termo de contrato ou para aceitar ou retirar o instrumento equivalente, dentro do prazo (poderá ser prorrogado, uma vez, por igual período) e nas condições estabelecidas no edital de licitação sob pena de decair o direito à contratação, sem prejuízo das sanções previstas nesta Lei.

Será facultado à Administração, quando o convocado não assinar o termo de contrato ou não aceitar ou não retirar o instrumento equivalente no prazo e nas condições estabelecidas, convocar os licitantes remanescentes, na ordem de classificação, para a celebração do contrato nas condições propostas pelo licitante vencedor.

Caso nenhum dos licitantes aceitar a contratação, a Administração, observados o valor estimado e sua eventual atualização nos termos do edital, poderá:

× Convocar os licitantes remanescentes para negociação, na ordem de classificação, com vistas à obtenção de preço melhor, mesmo que acima do preço do adjudicatário;

× Adjudicar e celebrar o contrato nas condições ofertadas pelos licitantes remanescentes, atendida a ordem classificatória, quando frustrada a negociação de melhor condição. Decorrido o prazo de validade da proposta indicado no edital sem convocação para a contratação, ficarão os licitantes liberados dos compromissos assumidos.

Importante consignar que a recusa injustificada do adjudicatário em assinar o contrato ou em aceitar ou retirar o instrumento equivalente no prazo estabelecido pela Administração caracterizará o descumprimento total da obrigação assumida e o sujeitará às penalidades legalmente estabelecidas e à imediata perda da garantia de proposta em favor do órgão ou entidade licitante, salvo no caso dos licitantes remanescentes.

Será facultada à Administração a convocação dos demais licitantes classificados para a contratação de remanescente de obra, de serviço ou de fornecimento em consequência de rescisão contratual.

CARACTERÍSTICAS DOS CONTRATOS ADMINISTRATIVOS

Como vimos, os contratos administrativos são realizados pelo próprio poder público e, por esse motivo, possuem características próprias. Dessa forma, pode-se dizer que todo contrato administrativo será:

I. Comutativo: aquele que gera direitos e deveres previamente estabelecidos para ambas as partes, não havendo a submissão a álea por parte dos contratantes. Não há contratos sujeitos a risco no Direito Administrativo.

II. Consensual: o simples consenso das partes já formaliza o contrato. Não se faz necessária a transferência do bem para ele se tornar perfeito.

III. De Adesão: aqueles que não admitem a rediscussão de cláusulas contratuais.

IV. Oneroso: como regra, não são admitidos contratos gratuitos firmados com o poder público, devendo o particular ser remunerado pela execução da atividade ou entrega do bem objeto do acordo firmado.

V. Sinalagmático: as obrigações das partes são recíprocas, ou seja, a execução da atividade de uma das partes enseja o adimplemento contratual pela outra.

VI. Personalíssimo: os contratos administrativos devem ser celebrados com o vencedor do procedimento licitatório, não podendo ser transferido a terceiro.

VII. Formal: todo contrato administrativo tem uma forma definida na lei, indispensável à sua regularidade.

ALOCAÇÃO DE RISCOS

A alocação do risco nos contratos administrativo está prevista no art. 103 da lei 14.133/2021. Embora não estivesse prevista na lei 8.666/93, a doutrina entendeu que não havia óbice à sua utilização, tendo em vista tratar-se de matéria inerente aos contratos, mesmo intuitiva. Além disso, a alocação de risco foi regulada na lei das PPP's, na lei das empresas Estatais e na lei da RDC.

A matriz de riscos é uma cláusula contratual definidora de riscos e de responsabilidades entre as partes e caracterizadora do equilíbrio econômico-financeiro inicial do contrato, em termos de ônus financeiro decorrente de eventos supervenientes à contratação, contendo, no mínimo, as seguintes informações:

× Listagem de possíveis eventos supervenientes à assinatura do contrato que possam causar impacto em seu equilíbrio econômico-financeiro e previsão de eventual necessidade de prolação de termo aditivo por ocasião de sua ocorrência;

× No caso de obrigações de resultado, estabelecimento das frações do objeto com relação às quais haverá liberdade para os contratados inovarem em soluções metodológicas ou tecnológicas, em termos de modificação das soluções previamente delineadas no anteprojeto ou no projeto básico.

No caso de obrigações de meio, estabelecimento preciso das frações do objeto com relação às quais não haverá liberdade para os contratados inovarem em soluções metodológicas ou tecnológicas, devendo haver obrigação de aderência entre a execução e a solução predefinida no anteprojeto ou no projeto básico, consideradas as características do regime de execução no caso de obras e serviços de engenharia

GARANTIAS

A critério da autoridade competente, em cada caso, poderá ser exigida, mediante previsão no edital, prestação de garantia nas contratações de obras, serviços e fornecimentos.

× Caução em dinheiro ou em títulos da dívida pública emitidos sob a forma escritural, mediante registro em sistema centralizado de liquidação e de custódia autorizado pelo Banco Central do Brasil, e avaliados por seus valores econômicos, conforme definido pelo Ministério da Economia;

× Seguro-garantia;

✗ Fiança bancária emitida por banco ou instituição financeira devidamente autorizada a operar no País pelo Banco Central do Brasil.

Na hipótese de suspensão do contrato por ordem ou inadimplemento da Administração, o contratado ficará desobrigado de renovar a garantia ou de endossar a apólice de seguro até a ordem de reinício da execução ou o adimplemento pela Administração.

Nas contratações de obras, serviços e fornecimentos, a garantia poderá ser de até 5% do valor inicial do contrato, autorizada a majoração desse percentual para até 10%, desde que justificada mediante análise da complexidade técnica e dos riscos envolvidos.

Nas contratações de obras e serviços de engenharia de grande vulto (valor superior a R$ 200.000.000,00), poderá ser exigida a prestação de garantia, na modalidade seguro-garantia, com cláusula de retomada, em percentual equivalente a até 30% do valor inicial do contrato.

Além disso, nas contratações de serviços e fornecimentos contínuos com vigência superior a 1 ano, assim como nas subsequentes prorrogações, será utilizado o valor anual do contrato para definição e aplicação dos referidos percentuais.

CLÁUSULAS EXORBITANTES

As cláusulas exorbitantes, tratadas pela lei como prerrogativas da Administração Pública, são aquelas que extrapolam as regras e características dos contratos em geral, pois apresentam vantagem excessiva à Administração Pública.

Decorrem da supremacia do interesse público sobre o interesse privado e colocam o Estado em posição de superioridade jurídica na avença. Estas cláusulas são designadas como exorbitantes, haja vista o fato de que sua previsão em contratos privados ensejaria a nulidade contratual.

Estas cláusulas são implícitas em todos os contratos administrativos, não dependendo de previsão expressa no acordo, pois decorrem diretamente da Lei. Logo, não são cláusulas necessárias, uma vez que as garantias do Poder Público decorrem diretamente do texto legal.

As cláusulas exorbitantes estão previstas no artigo 104 da lei 14.133/21 e ensejam à Administração Pública a prerrogativa de alteração unilateral do acordo ou rescisão unilateral, bem como a possibilidade de fiscalização e controle da relação contratual, somada à possibilidade de aplicação de penalidades contratuais e de ocupação temporária dos bens da contratada, como forma de evitar a paralisação da atividade pública.

> Art. 104. O regime jurídico dos contratos instituído por esta Lei confere à Administração, em relação a eles, as prerrogativas de:
> I - modificá-los, unilateralmente, para melhor adequação às finalidades de interesse público, respeitados os direitos do contratado;
> II - extingui-los, unilateralmente, nos casos especificados nesta Lei;
> III - fiscalizar sua execução;
> IV - aplicar sanções motivadas pela inexecução total ou parcial do ajuste;
> V - ocupar provisoriamente bens móveis e imóveis e utilizar pessoal e serviços vinculados ao objeto do contrato nas hipóteses de:
> a) risco à prestação de serviços essenciais;
> b) necessidade de acautelar apuração administrativa de faltas contratuais pelo contratado, inclusive após extinção do contrato.
> § 1º As cláusulas econômico-financeiras e monetárias dos contratos não poderão ser alteradas sem prévia concordância do contratado.
> § 2º Na hipótese prevista no inciso I do caput deste artigo, as cláusulas econômico-financeiras do contrato deverão ser revistas para que se mantenha o equilíbrio contratual.

ALTERAÇÃO UNILATERAL DO CONTRATO

Para adequar as disposições contratuais na busca incansável do interesse público, o Estado contratante pode modificar o contrato independentemente do consentimento da outra parte, desde que a parte contratante não seja afetada por ele e a modificação ocorra dentro dos limites previamente acordados. Conforme disposto no Edital de Licitação, não poderão ser feitas alterações que afetem o equilíbrio econômico-financeiro da contratação ou que modificarem a natureza da obra de modo a ocasionar fraude no certame.

A lei estabelece que é possível a alteração unilateral quando o projeto ou as especificações forem modificados, para melhor adequação técnica às suas finalidades e, se for o caso a modificação do valor contratual pelo montante ou redução quantitativa de seu objeto.

A modificação relativa ao valor do contrato é uma alteração quantitativa e, por sua vez, tem limites definidos por lei, que estabelece que o particular deve aceitar as modificações feitas unilateralmente pela administração pública até 25% do valor original do contrato, a fim de fazer adições ou exclusões. Nestes casos, a modificação não depende de acordo da concordância do particular contratado.

Os limites tratados devem ser aplicados, da mesma forma, para as alterações qualitativas. Não obstante seja a matéria controversa, ensejando divergência doutrinária, o entendimento majoritário é de que a alteração no projeto originário não pode ensejar um aumento de custo superior a 25% do valor originário do contrato, com a ressalva de 50% quando se tratar de contratação de reforma.

RESCISÃO UNILATERAL DO CONTRATO

A rescisão unilateral é a prerrogativa concedida ao ente público contratante para rescindir o contrato independentemente do consentimento do particular e sem depender de decisão judicial (art. 137 e seguintes da lei 14.133/21). Dessa forma, o contrato poderá ser rescindido antes do término do prazo previamente estabelecido no contrato.

Pode se dar em razão do:

× inadimplemento do particular.
× interesse público devidamente justificado.

Em caso de rescisão por motivo de interesse público, a administração deve indenizar o particular em caso de dano, bem como indenizar os investimentos não amortizados do contratado pela rescisão antecipada do contrato.

A lei prevê que, para além da indenização pelos danos sofridos, o particular contrato tem direito à devolução da garantia prestada, aos pagamentos devidos pela execução do contrato até à data da rescisão e ao pagamento dos custos de desmobilização.

A rescisão unilateral dos contratos administrativos também é garantida nos contratos de concessão de serviços públicos, regulamentados pela lei 8.987/95.

APLICAÇÃO DE SANÇÕES

A aplicação de sanção é fruto do poder disciplinar, está disciplinada no art. 156, da Lei 14.133/2021.

> Art. 156. Serão aplicadas ao responsável pelas infrações administrativas previstas nesta Lei as seguintes sanções:
> I – advertência
> II - multa;
> III - impedimento de licitar e contratar;
> IV - declaração de inidoneidade para licitar ou contratar.

OCUPAÇÃO PROVISÓRIA

A ocupação provisória está prevista no art. 104, V, "a" e "b" da Lei 14.133/2021.

> Art. 104. O regime jurídico dos contratos instituído por esta Lei confere à Administração, em relação a eles, as prerrogativas de:
> (...) V - ocupar provisoriamente bens móveis e imóveis e utilizar pessoal e serviços vinculados ao objeto do contrato nas hipóteses de:
> a) risco à prestação de serviços essenciais;
> b) necessidade de acautelar apuração administrativa de faltas contratuais pelo contratado, inclusive após extinção do contrato.

APLICAÇÃO DIFERIDA DA EXCEÇÃO DO CONTRATO NÃO CUMPRIDO

Há previsão no art. 137, §2º da Lei 14.133/2021.

> Art. 137. Constituirão motivos para extinção do contrato, a qual deverá ser formalmente motivada nos autos do processo, assegurados o contraditório e a ampla defesa, as seguintes situações:
> (...) § 2º O contratado terá direito à extinção do contrato nas seguintes hipóteses:
> I - supressão, por parte da Administração, de obras, serviços ou compras que acarrete modificação do valor inicial do contrato além do limite permitido no art. 125 desta Lei;
> II - suspensão de execução do contrato, por ordem escrita da Administração, por prazo superior a 3 (três) meses;
> III - repetidas suspensões que totalizem 90 (noventa) dias úteis, independentemente do pagamento obrigatório de indenização pelas sucessivas e contratualmente imprevistas desmobilizações e mobilizações e outras previstas;
> IV - atraso superior a 2 (dois) meses, contado da emissão da nota fiscal, dos pagamentos ou de parcelas de pagamentos devidos pela Administração por despesas de obras, serviços ou fornecimentos;
> V - não liberação pela Administração, nos prazos contratuais, de área, local ou objeto, para execução de obra, serviço ou fornecimento, e de fontes de materiais naturais especificadas no projeto, inclusive devido a atraso ou descumprimento das obrigações atribuídas pelo contrato à Administração relacionadas a desapropriação, a desocupação de áreas públicas ou a licenciamento ambiental.

A exceção do contrato não cumprido consiste no fato da parte que não cumprir a sua obrigação no contrato não poder exigir da outra parte que a cumpra. É considerada cláusula exorbitante por ter a sua aplicação diferida.

+ EXERCÍCIOS DE FIXAÇÃO

01. (CESPE / CEBRASPE – 2022 – MPC-SC – Técnico em Atividades Administrativas) Como regra, os contratos administrativos são celebrados diretamente com a parte contratada e, excepcionalmente, nos casos previstos em lei, são firmados mediante licitação prévia.

Certo

Errado

02. (IBFC – 2019 – Prefeitura de Cuiabá – MT – Profissional de Nível Superior – Administrador) Sobre as situações em que um Contrato Administrativo pode ser considerado nulo, assinale a alternativa incorreta.

A) Realizado sem concorrência, quando a lei a exige

B) Mediante concorrência fraudada no seu procedimento ou julgamento

C) Quando houver modificação do projeto ou das especificações, para melhor adequação técnica aos seus objetivos

D) Quando o ajuste contraria normas legais

» GABARITO

01. Errado. É exatamente o contrário do que afirma a questão. A regra é realização de licitação para as contratações com o poder público.

02. Letra C. É o que aduz a letra de lei:

Art. 124. Os contratos regidos por esta Lei poderão ser alterados, com as devidas justificativas, nos seguintes casos:

I - unilateralmente pela Administração:

a) quando houver modificação do projeto ou das especificações, para melhor adequação técnica a seus objetivos.

ENTIDADES DO TERCEIRO SETOR

A expressão "entidades paraestatais" foi inicialmente difundida no direito administrativo brasileiro como gênero que incluía as pessoas jurídicos de direito privado criadas por lei para a prestação de serviços de interesse coletivo, sob as regras e controle do Estado.

Esse conceito, desenvolvido pelo Prof. Hely Lopes Meirelles (2002), abrangia, basicamente, as pessoas jurídicas de direito privado integrantes da administração indireta (empresas públicas e sociedades de economia mista) e os chamados serviços sociais autônomos (SESC, SESI, SENAI, entre outros).

O primeiro setor é o Estado, e o segundo a iniciativa privada. No terceiro estão organismos, instituições ou organizações sem fins lucrativos que realizam projetos de interesse do Estado. Desempenham atividades em áreas que não são de atuação exclusiva do Poder Público, com o objetivo de agir junto à sociedade, visando a sua melhora e desenvolvimento.

Estes entes de cooperação não integram a administração indireta e compreendem:

× Serviços Sociais Autônomos (Sistema S);
× Entidades de Apoio;
× Organizações Sociais (OS);
× Organizações da Sociedade Civil de Serviço Público (OSCIP);

A Lei nº 13.019/2014 estabelece o regime jurídico das parcerias entre a Administração Pública e as organizações da sociedade civil, em regime de mútua cooperação, para a consecução de finalidades de interesse público e recíproco.

Di Pietro (2022) sustenta que os integrantes do terceiro setor são "predominantemente de direito privado, mas parcialmente derrogado por normas de direito público". O STF, na ADI 1923/DF, determinou que trata-se de um regime híbrido: por receberem recursos públicos, bens públicos e servidores públicos, o regime jurídico das organizações sociais tem de ser minimamente informado pela incidência dos princípios da Administração Pública (CF, art. 37, caput).

× Não há obrigatoriedade de licitação;
× Apesar de afastado o dever de licitar, os princípios administrativos devem ser observados;
× As compras e contratações com emprego de recursos públicos devem ocorrer mediante
× regulamento próprio, com a devida publicidade e pautados pelos princípios administrativos;
× Os contratos de trabalho destas instituições são regidos pela CLT.

São elementos essenciais para caracterização do terceiro setor:

× Origem privada, fora do Estado;
× Inexistência de finalidade lucrativa;
× Objetivos e ações devem envolver atividades de interesse público

SERVIÇOS SOCIAIS AUTÔNOMOS

Os serviços sociais autônomos são pessoas jurídicas privadas, no mais das vezes criadas por entidades privadas representativas de categorias econômicas. Embora eles não integrem a administração pública, nem sejam instituídos pelo poder público, sua criação é prevista em lei.

A aquisição de sua personalidade jurídica ocorre quando a entidade privada instituidora inscreve os respectivos atos constitutivos no registro civil das pessoas jurídicas. Eles são instituídos sob formas jurídicas comuns, próprias das entidades privadas sem fins lucrativos, tais como associações civis ou fundações.

Os serviços sociais autônomos vocacionados para atividades sociais não lucrativas destinadas à formação profissional, assistência ou serviço público com certos grupos sociais ou profissionais como beneficiários.

São mantidos por recursos oriundos de contribuições sociais de natureza tributária, recolhidas compulsoriamente pelos contribuintes definidos em lei, bem como mediante dotações orçamentárias do poder público.

Como recebem e utilizam recursos públicos para a consecução de suas finalidades, os serviços sociais autônomos estão sujeitos a controle pelo Tribunal de Contas da União (TCU).

Além disso, os serviços sociais autônomos são obrigados a prestar e a divulgar informações, com base na Lei 12.527/2011 concernentes às contribuições e demais recursos públicos que receberem, bem como à respectiva destinação.

Os serviços sociais autônomos não estão no rol do inciso XXI do art. 37 da Constituição Federal, significa dizer, as contratações que eles realizam não se submetem à observância das normas de licitação que obrigam a administração pública formal.

Os serviços sociais autônomos adotam regulamentos próprios de licitações, por eles elaborados e publicados, com regras e diretrizes a serem seguidas nas suas contratações com terceiros, a fim de assegurar que sejam efetuadas com razoável grau de objetividade e de impessoalidade.

Também pelo fato de serem entidades privadas, não integrantes do aparelho administrativo estatal, os serviços sociais autônomos não estão obrigados a contratar por meio de concurso público de provas ou de provas e títulos o seu pessoal (empregados privados regidos pela Consolidação das Leis do Trabalho).

Em suma, são estas as principais características dos serviços sociais autônomos típicos:

a) são pessoas privadas, não integrantes da administração pública, embora tenham a sua criação prevista em lei;

b) têm por objeto uma atividade social, sem finalidade de lucro, consistente, em geral, na prestação de um serviço de utilidade pública em benefício de determinado grupo social ou profissional;

c) são mantidos por contribuições sociais de natureza tributária e por dotações orçamentárias do poder público;

d) são obrigados a prestar e a divulgar informações concernentes aos recursos públicos que receberem, incluídas as contribuições destinadas ao seu custeio, bem como à destinação desses recursos, com base na Lei 12.527/2011 (Lei de Acesso à Informação);

e) não são obrigados a contratar o seu pessoal (empregados privados regidos pela legislação trabalhista) por meio de concurso público;

f) não estão sujeitos às normas de licitação pública para efetuar contratações com terceiros, embora costumem adotar regulamentos próprios com o fim de assegurar que estas observem critérios impessoais e objetivos;

g) como recebem e administram recursos de natureza pública, estão sujeitos a certas normas de direito público, tais como a obrigação de prestar contas ao TCU, o enquadramento dos seus empregados como funcionários públicos para fins penais (CP, art. 327) e a sujeição à Lei de Improbidade Administrativa (Lei 8.429/1992).

São exemplos de serviços sociais autônomos: Serviço Social da Indústria - SESI; Serviço Social do Comércio - SESC; Serviço Nacional de Aprendizagem Industrial - SENAI; Serviço Nacional de Aprendizagem Comercial - SENAC; Serviço Brasileiro de Apoio às Micro e Pequenas Empresas - SEBRAE; Serviço Nacional de Aprendizagem Rural - SENAR; Serviço Social do Transporte - SEST; Serviço Nacional de Aprendizagem do Transporte – SENAT.

ENTIDADES DE APOIO

São entidades de apoio as pessoas jurídicas de direito privado, sem fins lucrativos, instituídas por servidores públicos, porém em nome próprio, sob a forma de fundação, associação ou cooperativa, para a prestação, em caráter privado, de serviços sociais não exclusivos do Estado, mantendo vínculo jurídico com entidades da Administração Direta ou Indireta, em regra por meio de convênio.

São as suas principais características:

× não são instituídas por iniciativa do Poder Público, mas por servidores públicos de determinada entidade estatal, e com os seus próprios recursos;

× essas entidades, mais comumente, assumem a forma de fundação, mas também podem assumir a forma de associação ou cooperativa, sempre sem fins lucrativos e inserindo em seus estatutos objetivos iguais aos da entidade pública junto à qual pretendem atuar;

× a entidade de apoio presta o mesmo tipo de atividade, porém, não como serviço público delegado pela Administração Pública, mas como atividade privada aberta à iniciativa privada;

× ela atua mais comumente em hospitais públicos e universidades públicas;

× ela não fica sujeita ao regime jurídico imposto à Administração Pública; p

× seus contratos são de direito privado, celebrados sem licitação;

× os seus empregados são celetistas.

A formalização da parceria com o poder público normalmente se faz por meio de convênio, que prevê, em benefício da entidade, a utilização de bens públicos de todas as modalidades (móveis e imóveis) e de servidores públicos.

A cooperação com a Administração se dá, em regra, por meio de convênios, pelos quais se verifica que praticamente se confundem em uma e outra as atividades que as partes conveniadas exercem; o ente de apoio exerce as atividades próprias da entidade estatal com a qual celebrou o convênio, tendo inseridas tais atividades no respectivo estatuto, entre os seus objetivos institucionais.

O local de prestação de serviços também é, em regra, o mesmo em que a entidade pública atua. Em suma, o serviço é prestado por servidores públicos, na própria sede da entidade pública, com equipamentos pertencentes ao patrimônio desta última; só que quem arrecada toda a receita e a administra é a entidade de apoio.

ORGANIZAÇÕES SOCIAIS

Organizações Sociais (OS) são entidades privadas, sem fins lucrativos, criadas por iniciativa de pessoas físicas ou jurídicas com o objetivo de realizar atividades de interesse público em parceria com o Estado. Essas entidades são regulamentadas pela Lei nº 9.637/1998, que estabelece as normas para a qualificação de entidades como OS e define as áreas em que elas podem atuar.

As OS são contratadas pelo poder público para prestação de serviços públicos em áreas como saúde, educação, cultura, meio ambiente, entre outras. Elas recebem recursos financeiros do Estado para a realização dessas atividades e, em contrapartida, devem atender a determinadas metas e objetivos estabelecidos em contrato.

Uma das principais vantagens das OS é a flexibilidade na gestão dos recursos e na contratação de pessoal, o que permite uma maior eficiência na prestação dos serviços públicos. Por outro lado, a atuação das OS também é criticada por alguns setores da sociedade, que apontam possíveis riscos de corrupção e a falta de transparência na gestão dos recursos públicos.

Elas não integram a administração direta nem a administração indireta; são entidades da iniciativa privada, sem finalidade lucrativa, que se associam ao Estado mediante a celebração de um contrato de gestão a fim de receberem fomento para a realização de atividades de interesse social.

Conforme o parágrafo único do art. 1º do Decreto 9.190/2017, "a qualificação de entidades privadas sem fins lucrativos como organizações sociais tem por objetivo o estabelecimento de parcerias de longo prazo, com vistas à prestação, de forma contínua, de serviços de interesse público à comunidade beneficiária".

É vedada a qualificação de organizações sociais para desenvolvimento de atividades (Decreto 9.190/2017, art. 3.°):

I - exclusivas de Estado;
II - de apoio técnico e administrativo à administração pública federal; e
III - de fornecimento de instalação, bens, equipamentos ou execução de obra pública em favor da administração pública federal.

As organizações sociais não são delegatárias de serviço público, ou seja, não exercem, por delegação (concessão, permissão ou autorização de serviços públicos), sob regime jurídico de direito público, atividades de titularidade exclusiva do poder público, e sim atividades privadas de utilidade pública ou interesse social, em seu próprio nome, com incentivo (fomento) do Estado.

A Lei 9.637/1998 chama de "publicização" essa absorção pelas organizações sociais de serviços de interesse social ou utilidade pública antes prestados por entidades ou órgãos administrativos federais extintos.

A qualificação de uma entidade privada sem fins lucrativos como organização social é ato discricionário do poder público.

O processo de qualificação compreende as seguintes fases (Decreto 9.190/2017, art. 6.°):

I - decisão de publicização;
II - seleção da entidade privada;
III - publicação do ato de qualificação; e
IV - celebração do contrato de gestão.

A seleção da entidade privada sem fins lucrativos a ser qualificada como organização social será realizada pelo órgão supervisor ou pela entidade supervisora da área e observará as seguintes etapas (Decreto 9.190/2017, art. 8.°):

I - divulgação do chamamento público;
II - recebimento e avaliação das propostas;
III - publicação do resultado provisório;
IV - fase recursal; e
V - publicação do resultado definitivo.

Não poderá participar do chamamento público a entidade privada sem fins lucrativos que (Decreto 9.190/2017, art. 9.°):

I - tenha sido desqualificada como organização social, por descumprimento das disposições contidas no contrato de gestão, nos termos do art. 16 da

Lei nº 9.637, de 1998, em decisão irrecorrível, pelo período que durar a penalidade;

II - esteja omissa no dever de prestar contas de parceria anteriormente celebrada;

III -tenha sido punida com uma das seguintes sanções, pelo período que durar a penalidade:

a) suspensão de participação em licitação e impedimento de contratar com o órgão supervisor ou a entidade supervisora; e

b) declaração de inidoneidade para licitar ou contratar com a administração pública federal;

IV - tenha tido contas de parceria julgadas irregulares ou rejeitadas por Tribunal ou Conselho de Contas de qualquer ente federativo, em decisão irrecorrível, nos últimos oito anos; e

V - não possuam comprovação de regularidade fiscal, trabalhista e junto ao Fundo de Garantia do Tempo de Serviço – FGTS

As organizações sociais devem, obrigatoriamente, firmar um contrato de gestão com a administração pública. Esse instrumento é condição imprescindível para a organização social receber fomento estatal.

O contrato de gestão terá vigência plurianual e poderá ser alterado por meio de termos aditivos mediante acordo entre as partes (Decreto 9.190/2017, art. 14, § 2.°).

Na elaboração do contrato de gestão, devem ser observados os princípios da legalidade, impessoalidade, moralidade, publicidade, economicidade e, também, os seguintes preceitos (art. 7°):

I - especificação do programa de trabalho proposto pela organização social, a estipulação das metas a serem atingidas e os respectivos prazos de execução, bem como previsão expressa dos critérios objetivos de avaliação de desempenho a serem utilizados, mediante indicadores de qualidade e produtividade;

II - a estipulação dos limites e critérios para despesa com remuneração e vantagens de qualquer natureza a serem percebidas pelos dirigentes e empregados das organizações sociais, no exercício de suas funções. Os Ministros de Estado ou autoridades supervisoras da área de atuação da organização social devem definir as demais cláusulas dos contratos de gestão de que sejam signatários.

O contrato de gestão poderá ser renovado por períodos sucessivos, a critério da autoridade supervisora, condicionado à demonstração do cumprimento de seus termos e suas condições. A decisão de renovação não afasta a possibilidade de realização de novo chamamento público para qualificação e celebração de contrato de gestão com outras entidades privadas interessadas na mesma atividade publicizada (Decreto 9.190/2017, art. 16).

108 DIREITO ADMINISTRATIVO

Importante ressaltar que os responsáveis pela fiscalização da execução do contrato de gestão, ao tomarem conhecimento de qualquer irregularidade ou ilegalidade na utilização de recursos ou bens de origem pública por organização social, dela darão ciência ao Tribunal de Contas da União, sob pena de responsabilidade solidária (art. 9).

O Poder Executivo poderá proceder à desqualificação da entidade como organização social, quando constatado o descumprimento das disposições contidas no contrato de gestão (art. 16). A desqualificação será precedida de processo administrativo, assegurado o direito de ampla defesa, respondendo os dirigentes da organização social, individual e solidariamente, pelos danos ou prejuízos decorrentes de sua ação ou omissão.

ORGANIZAÇÕES DA SOCIEDADE CIVIL DE INTERESSE PÚBLICO (OSCIP)

A Organização da Sociedade Civil de Interesse Público (OSCIP), é um tipo de organização sem fins lucrativos reconhecida pela legislação brasileira. As OSCIPs são estabelecidas para realizar atividades de interesse público, como projetos sociais, culturais, científicos, educacionais, ambientais e relacionados à saúde.

As OSCIPs podem receber financiamento do governo e doações de indivíduos e empresas, e estão sujeitos a rigorosos requisitos de transparência e prestação de contas.

Para obter o status OSCIP, uma organização deve atender a certos requisitos legais, como ter um processo democrático de tomada de decisão, uma porcentagem mínima de seu orçamento dedicada a programas sociais e enviar relatórios regulares ao governo.

A Lei 9.790/1999, regulamentada pelo Decreto 3.100/1999, instituiu uma qualificação específica a ser concedida a entidades privadas, sem fins lucrativos, que pretendam atuar em parceria com o poder público, dele recebendo fomento: a qualificação como organização da sociedade civil de interesse público (OSCIP). Aduz o art. 1º da Lei 9.790/1999:

> Podem qualificar-se como Organizações da Sociedade Civil de Interesse Público as pessoas jurídicas de direito privado sem fins lucrativos que tenham sido constituídas e se encontrem em funcionamento regular há, no mínimo, 3 (três) anos, desde que os respectivos objetivos sociais e normas estatutárias atendam aos requisitos instituídos por esta Lei.

As OSCIP's são reguladas pela Lei n.º 9.790/1999. A OSCIP não é uma pessoa jurídica, mas uma qualificação que uma pessoa jurídica recebe, desde que não tenham fins lucrativos. Sua finalidade é realizar determinadas atividades sociais, que estão elencadas na Lei.

A qualificação como OSCIP só é conferida a pessoas jurídicas que tenham objetivos sociais com pelo menos uma das finalidades previstas em lei:

- ✗ Promoção da assistência social;
- ✗ Promoção da cultura, defesa e conservação do patrimônio histórico e artístico;
- ✗ Promoção gratuita da educação, observando-se a forma complementar de participação das organizações de que trata esta Lei;
- ✗ Promoção gratuita da saúde, observando-se a forma complementar de participação das organizações de que trata esta Lei;
- ✗ Promoção da segurança alimentar e nutricional;
- ✗ Defesa, preservação e conservação do meio ambiente e promoção do desenvolvimento sustentável;
- ✗ Promoção do voluntariado;
- ✗ Promoção do desenvolvimento econômico e social e combate à pobreza;
- ✗ Experimentação, não lucrativa, de novos modelos socioprodutivos e de sistemas alternativos de produção, comércio, emprego e crédito;
- ✗ Promoção de direitos estabelecidos, construção de novos direitos e assessoria jurídica gratuita de interesse suplementar;
- ✗ Promoção da ética, da paz, da cidadania, dos direitos humanos, da democracia e de outros valores universais;

A Lei 9.790/1999 excluiu expressamente certas pessoas jurídicas do regime de parceria nela estabelecido, dispondo que não poderão ser qualificadas como organização da sociedade civil de interesse público (art. 2°):

- ✗ as sociedades comerciais, sindicatos, associações de classe ou de representação de categoria profissional;
- ✗ as instituições religiosas ou voltadas para a disseminação de credos, cultos, práticas e visões devocionais e confessionais;
- ✗ as organizações partidárias e assemelhadas, inclusive suas fundações;
- ✗ as entidades de benefício mútuo destinadas a proporcionar bens ou serviços a um círculo restrito de associados ou sócios;

- as entidades e empresas que comercializam planos de saúde e assemelhados;
- as instituições hospitalares privadas não gratuitas e suas mantenedoras;
- as escolas privadas dedicadas ao ensino formal não gratuito e suas mantenedoras;
- as organizações sociais;
- as cooperativas;
- as fundações públicas;
- as fundações, sociedades civis ou associações de direito privado criadas por as órgão público ou por fundações públicas;

A qualificação da OSCIP, diferentemente da OS, é um ato vinculado. O requerimento da qualificação é formulado ao Ministro da Justiça.

A lei traz um prazo de 30 (trinta) dias para deferimento ou indeferimento do Ministro da Justiça. Em caso de deferimento, o prazo para emissão do certificado é de 15 (quinze) dias.

A perda da qualificação da OSCIP se dá:

- A pedido da entidade (perda voluntária);
- Por processo administrativo;
- Por processo judicial.

O instrumento entre a OSCIP e o Poder Público é denominado termo de parceria, igualmente previsto pela Lei n.º 9.790/1999. Com isso, a OSCIP passa a exercer atividades que não sejam exclusivas do Estado. O termo de parceria permite a destinação de recursos públicos à OSCIP.

A OSCIP também não precisa seguir o rito estrito da Lei de Licitações. O art. 14 da Lei n.º 9.790/1999 estabelece que a organização parceira fará publicar, no prazo máximo de 30 dias, contado da assinatura do Termo de Parceria, o regulamento que explicará os procedimentos para a contratação de obras e serviços, bem como para compras com emprego de recursos provenientes do Poder Público.

Consoante o art. 11 da Lei 9.790/1999, a execução do objeto do termo de parceria será acompanhada e fiscalizada por órgão do poder público da área de atuação correspondente à atividade fomentada, e pelos Conselhos de Políticas Públicas das áreas correspondentes de atuação existentes, em cada nível de governo.

OS Lei 9.637/1998 x OSCIP Lei 9.790/1999	
Foram idealizadas para substituir órgãos e entidades da administração pública, que seriam extintos e teriam suas atividades "absorvidas" pela OS.	Não foram idealizadas para substituir órgãos ou entidades da administração.
Qualificação é ato discricionário.	Qualificação é ato vinculado.
Qualificação formalizada em ato do Presidente da República, a partir de proposição do Ministro de Estado supervisor da área (e, se for o caso, com anuência da autoridade titular da entidade supervisora), precedida de manifestação do Ministro de Estado da Economia.	Qualificação concedida pelo Ministério da Justiça e Segurança Pública.
Não há previsão legal de prazo a ser observado entre a constituição da entidade privada e a sua qualificação como organização social	A entidade privada, para poder qualificar-se como OSCIP, deve ter sido constituída e encontrar-se em funcionamento regular há pelo menos três anos.
A OS deve obrigatoriamente ter um conselho de administração com representantes do Poder Público em sua composição (a lei não exige que a OS possua um conselho fiscal).	É permitida a participação de servidores públicos como integrantes de conselho ou diretoria da OSCIP (a lei não obriga a OSCIP a ter um conselho de administração, mas exige que ela possua um conselho fiscal).

CHAMAMENTO PÚBLICO

O chamamento público é o procedimento destinado a selecionar a organização da sociedade civil que irá firmar uma parceria com o Poder Público. Haverá o chamamento de entidades interessadas, que apresentam as suas propostas. Estas são julgadas por uma comissão de seleção, com pelo menos 01 servidor de cargo efetivo ou emprego público permanente.

A Administração Pública pode dispensar o chamamento público em algumas situações:

× Quando a peculiaridade do caso exigir (por exemplo, urgência em razão da paralisação de atividades de relevante interesse público ou iminência de paralisação), ficando formalizado o termo de parceria com a sociedade civil pelo prazo de 180 (cento e oitenta) dias.

× Estiver em situação de guerra, calamidade pública, grave perturbação da ordem pública, pois excepcionalidade da situação dispensa o chamamento público. Por outro lado, o chamamento público pode ser inexigível:

× Quando a competição entre as organizações da sociedade civil é inviável, em razão da natureza singular do objeto da parceria.

× Quando as metas somente puderem ser atingidas por certa entidade específica. Isso será claro nos casos de tecnologia.

112 DIREITO ADMINISTRATIVO

+ EXERCÍCIOS DE FIXAÇÃO

01. (FCC – 2022 – TRT – 22ª Região – PI– Analista Judiciário – Oficial de Justiça Avaliador Federal) Conforme jurisprudência dominante dos Tribunais Superiores e do TCU, embora ostentem personalidade de direito privado, aplicam-se aos serviços sociais autônomos criados em âmbito federal ("Sistema S") algumas normas típicas do regime jurídico-administrativo, dentre elas,

A) a fiscalização pelo Tribunal de Contas da União.

B) o pagamento de suas dívidas por precatórios.

C) a competência da Justiça Federal para julgamento das ações em que forem parte.

D) a obrigatoriedade de concurso público para admissão de pessoal de caráter permanente.

E) a observância das regras constantes da legislação federal sobre licitações.

02. (FCC – 2022 – TRT – 22ª Região – PI – Analista Judiciário – Área Judiciária) As chamadas Organizações Sociais (OS) são entes de colaboração com a Administração Pública e seu regime legal se caracteriza

A) por serem escolhidas mediante processo licitatório, para desempenho de serviços públicos em caráter descentralizado.

B) pela participação de representantes do Poder Público em seu conselho de administração.

C) pela obrigatoriedade de seleção de seus funcionários por concurso, em vista do princípio da impessoalidade.

D) pelo exercício de quaisquer atividades de interesse público, desde que não haja finalidade lucrativa.

E) pela celebração de termo de parceria, em que são fixadas as regras do regime de colaboração entre a OS e o Poder Público.

» GABARITO

01. Letra A. Os serviços sociais autônomos devem prestar contas aos Tribunais de Contas, por receberem recursos públicos, os serviços sociais autônomos sofrem controle estatal, especialmente por parte do Tribunal de Contas da União (TCU).

Conforme o art. 71 da CF/88:

O controle externo, a cargo do Congresso Nacional, será exercido com o auxílio do Tribunal de Contas da União, ao qual compete:

VI - fiscalizar a aplicação de quaisquer recursos repassados pela União mediante convênio, acordo, ajuste ou outros instrumentos congêneres, a Estado, ao Distrito Federal ou a Município;

02. Letra B. Conforme aduz artigo 2, I, alínea d da Lei nº 9.637/98.

Art. 2º São requisitos específicos para que as entidades privadas referidas no artigo anterior habilitem-se à qualificação como organização social:

I - comprovar o registro de seu ato constitutivo, dispondo sobre:

d.   previsão de participação, no órgão colegiado de deliberação superior, de representantes do Poder Público e de membros da comunidade, de notória capacidade profissional e idoneidade moral;

SERVIÇOS PÚBLICOS

Serviço público se refere a atividades e prestações realizadas pelo Estado ou por empresas públicas que visam atender às necessidades da população, garantindo direitos e promovendo o bem-estar social. Esses serviços são prestados de forma universal, igualitária e gratuita ou a preços acessíveis para toda a população, independentemente da classe social, gênero, raça ou outra forma de discriminação.

Alguns exemplos de serviços públicos incluem saúde, educação, segurança pública, transporte, abastecimento de água, energia elétrica, saneamento básico, entre outros. Esses serviços são financiados com recursos públicos, geralmente provenientes de impostos pagos pela população.

A prestação de serviços públicos é uma responsabilidade do Estado, que deve garantir a sua qualidade e eficiência, bem como a transparência na gestão dos recursos públicos utilizados para sua prestação.

A prestação de serviços públicos é garantida pela Constituição Federal de 1988 e os serviços são criados e fiscalizados pelo Estado, através dos seus governos.

Sobre o assunto, aduz o artigo 175 da Constituição Federal:

> Art. 175. Incumbe ao Poder Público, na forma da lei, diretamente ou sob regime de concessão ou permissão, sempre através de licitação, a prestação de serviços públicos.
> Parágrafo único. A lei disporá sobre:
> I - o regime das empresas concessionárias e permissionárias de serviços públicos, o caráter especial de seu contrato e de sua prorrogação, bem como as condições de caducidade, fiscalização e rescisão da concessão ou permissão;
> II - os direitos dos usuários;
> III - política tarifária;
> IV - a obrigação de manter serviço adequado.

A titularidade desses serviços públicos submetidos ao art. 175 da Constituição Federal é exclusiva do Estado, isto é, os particulares não podem prestá-los por sua livre-iniciativa. Caso pretendam fazê-lo, deverão, obrigatoriamente, receber delegação do poder público, cujo instrumento será um contrato de concessão ou de permissão de serviço público, sempre precedido de licitação, ou, ainda, nas restritas hipóteses em que admitido, um ato administrativo de autorização de serviço público.

CARACTERÍSTICAS DO SERVIÇO PÚBLICO

São características fundamentais do serviço público, de acordo com o entendimento da doutrina majoritária:

× Esta é uma atividade material.
× Caráter extenso
× prestada diretamente pelo Estado ou por seus delegados
× sob regime de direito público
× para atender às necessidades básicas ou secundárias da sociedade.

O Serviço Público está sujeito ao regime de direito público, pelo que devem ser notados os princípios do direito Administrativo, explícitos e implícitos, bem como o disposto no texto geral. Além disso, alguns princípios são definidos pela lei 8.987/95, que devem ser respeitados.

PRINCÍPIOS DO SERVIÇO PÚBLICO

Os princípios do serviço público administrativo são diretrizes fundamentais que orientam a atuação dos agentes públicos na prestação de serviços à sociedade. Eles são estabelecidos pela Constituição Federal e pela legislação infraconstitucional e têm como objetivo garantir a eficiência, transparência, legalidade e responsabilidade na gestão pública.

A prestação de serviço público deve seguir os seguintes princípios: eficiência, continuidade, generalidade/universalidade e modicidade tarifária.

PRINCÍPIO DA EFICIÊNCIA

Este princípio significa que os serviços públicos devem ser oferecidos aos cidadãos da maneira rápida, eficiente e com qualidade.

PRINCÍPIO DA CONTINUIDADE

Este princípio tem a função de garantir que os serviços públicos sejam prestados de forma contínua, sem interrupções.

Existem três situações de exceção para a continuidade de um serviço público: em emergência, por problemas técnicos nas instalações ou por falta de pagamento do utilizador.

PRINCÍPIO DA GENERALIDADE/UNIVERSALIDADE

A prestação do serviço deve ser de forma indiscriminada, com igualdade entre os usuários, além alcançar a maior amplitude possível.

PRINCÍPIO DA MODICIDADE TARIFÁRIA

A modicidade tarifária significa que a prestação de um serviço público deve ser remunerada a preços acessíveis para garantir que os usuários do serviço não deixem de ter acesso a ele em razão de preços inacessíveis para o seu poder aquisitivo.

DELEGAÇÃO DE SERVIÇO PÚBLICO

A delegação é uma das formas de descentralização de serviço: aquela em que o ente administrativo transfere apenas a execução de um serviço, mantendo para a si a sua titularidade.

A delegação de serviço público é regulamentada por lei e exige a celebração de um contrato entre o poder concedente (Estado) e a empresa ou entidade responsável pela execução do serviço. Esse contrato estabelece as condições para a prestação do serviço, os prazos e as obrigações das partes envolvidas.

Entre as vantagens da delegação de serviço público estão a possibilidade de melhorar a qualidade do serviço prestado, a redução dos custos e o aumento da eficiência. No entanto, é importante que a regulamentação e a fiscalização sejam adequadas, para garantir que os interesses públicos sejam preservados e que a empresa ou entidade delegada cumpra suas obrigações de forma satisfatória.

Diz-se que através dessas formas de delegação (concessão, autorização e permissão), o Estado presta o serviço de forma indireta, ou seja, a prestação não é feita nem pela Administração direta, nem pela Administração indireta.

Conforme previsão Constitucional, o art. 175 da CF, o Estado presta serviço público diretamente ou por meio de contratos de concessão e permissão desses serviços:

> Art. 175. Incumbe ao Poder Público, na forma da lei, diretamente ou sob regime de concessão ou permissão, sempre através de licitação, a prestação de serviços públicos.
> Parágrafo único. A lei disporá sobre:

I - o regime das empresas concessionárias e permissionárias de serviços públicos, o caráter especial de seu contrato e de sua prorrogação, bem como as condições de caducidade, fiscalização e rescisão da concessão ou permissão;
II - os direitos dos usuários;
III - política tarifária;
IV - a obrigação de manter serviço adequado.

O Estado tem a obrigação de promover (o serviço tem que ocorrer), mas deve prestar, obrigatoriamente, de forma indireta. O estado tem a obrigação de delegar a prestação. Exemplo: serviço de rádio e de tv, que devem ser obrigatoriamente transferidos, a fim de legitimar a liberdade de informação.

Foi editada a Lei 8.987/95, que trata dos contratos de concessão de serviços públicos que trata dos Contratos de Concessão de Serviços Públicos e dos Contratos de Permissão de Serviços Públicos e todas as regras atinentes a estas contratações.

FORMAS DE PRESTAÇÃO DO SERVIÇO PÚBLICO

A prestação do serviço público é feita pelo Estado, pode ocorrer de forma direta ou mediante descentralização.

A prestação direta de serviço público é dita centralizada, se for a administração direta que a efetua, e descentralizada, quando promovida pelas entidades da administração indireta.

A prestação indireta de serviço público é classificada, invariavelmente, como prestação descentralizada.

Na modalidade, denominada descentralização por serviços (ou descentralização mediante outorga legal), uma lei específica cria diretamente uma entidade com personalidade jurídica própria, ou autoriza a criação da entidade, e atribui a ela a titularidade de um determinado serviço público. São exemplos de serviços descentralizados prestados por integrantes da administração indireta.

Na modalidade descentralização por colaboração (ou descentralização mediante delegação), a prestação de um serviço público é atribuída a um particular, isto é, a uma pessoa não integrante da administração pública. A delegação pode se dar por concessão, permissão ou, em alguns casos, autorização para a prestação do serviço. A delegação consiste em transferir ao particular, sempre temporariamente, a incumbência de prestar, mediante remuneração, determinado serviço público, cuja titularidade permanece com o poder público.

CLASSIFICAÇÕES DO SERVIÇO PÚBLICO

No que tange a classificação dos serviços públicos:

a. serviços gerais e serviços individuais

Conforme a orientação do Supremo Tribunal Federal, serviços públicos gerais (uti universi) ou indivisíveis são aqueles prestados a toda coletividade, indistintamente, ou seja, seus usuários são indeterminados e indetermináveis. Não é possível ao poder público identificar, de forma individualizada, as pessoas beneficiadas por um serviço prestado uti universi. Exemplos de serviços gerais são o serviço de iluminação pública, o serviço de varrição de ruas e praças, o serviço de conservação de logradouros públicos, entre outros.

Os serviços individuais, específicos ou singulares (uti singuli), ou, ainda, divisíveis, são prestados a beneficiários determinados. A administração pública sabe a quem presta o serviço e é capaz de mensurar a utilização por parte de cada um dos usuários, separadamente. Tais serviços podem ser remunerados mediante a cobrança de taxas (regime legal) ou de tarifas (regime contratual). São exemplos os serviços de coleta domiciliar de lixo, de fornecimento domiciliar de água encanada, de gás canalizado, de energia elétrica, o serviço postal, os serviços telefônicos etc.

b. serviços delegáveis e serviços indelegáveis

Segundo os autores que propõem esta classificação, os serviços públicos delegáveis são aqueles que podem ser prestados pelo Estado - a nível central ou através de entidades que integrarem a administração indireta - ou, na sua falta, ter a sua prestação delegada a pessoas físicas, por meio de contratos de concessão, autorização de serviço público (ou, se for o caso por ato administrativo que autorize o serviço público). Exemplo: transporte coletivo rodoviário de passageiros etc.

São serviços públicos indelegáveis aqueles que somente podem ser prestados pelo Estado, centralizadamente, ou pelas pessoas jurídicas de direito público integrantes da administração indireta. São, portanto, serviços públicos cuja prestação exige exercício de poder de império. Os exemplos usualmente apontados são a garantia da defesa nacional, da segurança interna, a fiscalização de atividades etc.

c. serviços próprios e serviços impróprios

O serviço público próprio é uma atividade que resulta em benefícios que representam facilidades materiais para a população que operam em regime jurídico público pela administração pública direta ou indiretamente por procuração ao setor privado.

Já os serviços públicos impróprios seriam atividades de natureza social executadas por particulares sem delegação, ou seja, serviços privados - sujeitos a regime jurídico de direito privado -, submetidos somente a fiscalização e controle estatal inerentes ao poder de polícia. São exemplos os serviços de educação, saúde e assistência social prestados por estabelecimentos particulares.

d. Serviços públicos gratuitos ou remunerados

Quando não possuem usuários determinados, como limpeza urbana ou iluminação pública, como não é possível mensurar o quanto cada um o utiliza, o serviço não será remunerado diretamente pelo beneficiário. Diante disso, a doutrina fala em serviço gratuito, apesar da remuneração vir por meio de tributo.

Quando o serviço público atender diretamente e individualmente àquele administrado, como é o serviço de telefonia ou de energia elétrica, é possível exigir uma contraprestação direta pelo usuário.

Nesse caso, o serviço será remunerado, cabendo a seguinte subdivisão:

× Serviço individual e compulsório de pagamento obrigatório - neste caso, há a incidência de taxa, que é um tributo vinculado a uma contraprestação estatal, ainda que não se tenha utilizado do serviço posto à disposição pelo Estado.

× Serviço individual e facultativo – nos casos de transporte público e telefonia, não haverá taxa, mas apenas tarifa ou preço público. O usuário aceita expressamente o serviço público, e, sendo usufruído, irá pagar pelo seu efetivo uso.

CONCESSÃO DE SERVIÇOS PÚBLICOS

A Lei 8.987/95 regulamentou os contratos de concessão comuns, estipulando seu conceito no art. 2º, II, determinando que se configura a transferência da prestação de serviços públicos para os particulares, pelo ente público, a pessoa jurídica ou consórcios de empresas que demonstrem capacidade para desempenhar a atividade transferida por sua conta e risco.

A concessão enseja somente a delegação da atividade, ou seja, a descentralização por colaboração. Nos contratos de concessão de serviço público, a empresa concessionária será remunerada pelas tarifas que cobrará dos usuários, não lhe sendo devida qualquer contraprestação que ente estatal.

A concessão comum pode ser dividida em duas espécies, a saber:

a. Concessão Simples: são contratos cujo objeto se resume à transferência da execução do serviço público para o particular, que o executará por sua conta e risco mediante cobrança de tarifa dos usuários.

b. Concessão precedida de obras: trata-se de contratos de concessão nos quais o ente público determina ao particular que realize uma obra pública de relevância para a sociedade e indispensável à prestação do serviço delegado.

Na hipótese de concessão outorgada a consórcio de empresas, a empresa líder do consórcio é quem responde perante o poder concedente pelo cumprimento do contrato de concessão; há, entretanto, responsabilidade solidária das demais consorciadas (art. 19, § 2°).

A permissão de serviço público será formalizada mediante contrato de adesão; a lei expressamente se refere "à precariedade e à revogabilidade unilateral do contrato pelo poder concedente".

CONCESSÃO	PERMISSÃO
Delegação da prestação de serviço público, permanecendo a titularidade com o poder público (descentralização por colaboração).	Delegação da prestação de serviço público, permanecendo a titularidade com o poder público (descentralização por colaboração).
Sempre precedida de licitação, na modalidade concorrência ou diálogo competitivo. Sempre precedida de licitação. Não há determinação legal de modalidade específica	Sempre precedida de licitação. Não há determinação legal de modalidade específica.
Celebração com pessoa jurídica ou consórcio de empresas, mas não com pessoa física.	Celebração com pessoa física ou jurídica; não prevista permissão a consórcio de empresas.
Não há precariedade.	Delegação a título precário
Não é cabível revogação do contrato.	Revogabilidade unilateral do contrato pelo poder concedente.

SUBCONCESSÃO

Os contratos administrativos se caracterizam pelo fato de serem celebrados intuito personae, ou seja, firmados com pessoas determinadas cujas características individuais justificaram a contratação.

Para que seja possível a subconcessão é indispensável a anuência do poder concedente, sob pena de configurar-se inadimplemento sujeito à declaração de caducidade do contrato, sem prejuízo das sanções a serem aplicadas.

A Lei 8.987/95 veda a subcontratação, nos moldes definidos pela legislação contratual civil, sendo somente possível a transferência do objeto do contrato (mesmo que parcial) mediante procedimento licitatório realizado pelo Poder Público concedente.

A política tarifária deve observar o princípio da modicidade, não se admitindo a cobrança de valores muito altos, inclusive, como forma de se garantir que a atividade será acessível à maior quantidade de pessoas.

EXTINÇÃO DO CONTRATO DE CONCESSÃO

A extinção é o término do contrato, por qualquer motivo. Isso acaba com as regras estabelecidas em acordos firmados entre pessoas físicas e órgãos públicos. Extinta a concessão, retornam ao poder concedente todos os bens reversíveis, direitos e privilégios outorgados às concessionárias, conforme previsto no edital e especificado no contrato.

ADVENTO DO TERMO CONTRATUAL

O advento do termo contratual no serviço público se refere à utilização de contratos como instrumento jurídico para a prestação de serviços públicos, em vez do uso de regimes estatutários para regular as relações de trabalho dos servidores públicos.

Isso ocorre principalmente por meio da terceirização de serviços públicos, em que o Estado contrata empresas para realizar serviços que antes eram executados por servidores públicos estatutários. Essas empresas são regidas por contratos, que estabelecem as condições de prestação de serviços, incluindo prazos, qualidade, responsabilidades e remuneração.

EXTINÇÃO DA CONCESSÃO POR ENCAMPAÇÃO

A extinção da concessão por encampação é um mecanismo previsto na legislação brasileira para a retomada do serviço público concedido pela Administração Pública, quando ocorrem situações excepcionais que justificam a intervenção do Estado.

A encampação ocorre quando a Administração Pública assume a prestação do serviço público, que anteriormente era concedido a uma empresa privada. Essa medida pode ser adotada em situações como: descumprimento das obrigações contratuais por parte da concessionária, prestação inadequada do serviço público, necessidade de garantir a continuidade do serviço em caso de emergência, entre outras.

Para que a encampação ocorra, é necessário que a Administração Pública justifique a medida e demonstre a sua conveniência e oportunidade. Além disso, deve haver uma indenização à concessionária pelos investimentos não amortizados e pelas perdas comprovadas que ela venha a sofrer em decorrência da encampação.

Três condições são necessárias:

× Motivo de interesse público;
× Lei autorizativa específica;
× Pagamento prévio de indenização.

Vale ressaltar que o pagamento da indenização se refere-se ao pagamento dos bens reversíveis ainda não depreciados ou amortizados. Portanto, ela não se destina ao pagamento de indenização por decidir reestabelecer o serviço antes do fim do contrato.

CADUCIDADE

A caducidade é uma das formas de extinção do contrato de concessão de serviço público, prevista na legislação brasileira. Ela ocorre quando a concessionária deixa de cumprir as obrigações previstas no contrato ou na legislação, o que gera prejuízos aos usuários e ao interesse público.

A caducidade pode ser declarada pela Administração Pública após processo administrativo que assegure à concessionária o direito à ampla defesa e ao contraditório. Além disso, é necessário que a concessionária tenha sido notificada e tenha tido oportunidade de regularizar as irregularidades apontadas, sem sucesso.

Uma vez declarada a caducidade, a Administração Pública fica autorizada a retomar a prestação do serviço público ou realizar nova licitação para a concessão do serviço. É importante destacar que a caducidade não exime a concessionária da obrigação de indenizar eventuais prejuízos causados aos usuários ou à Administração Pública em decorrência do descumprimento contratual.

A caducidade é uma medida extrema e deve ser adotada apenas quando a concessionária descumpre de forma grave as obrigações previstas no contrato ou na legislação, colocando em risco a continuidade e qualidade da prestação do serviço público.

JÚLIA GOMES **123**

RESCISÃO

A rescisão da concessão decorre do descumprimento de normas contratuais pelo poder concedente e é sempre judicial. A Lei 8.987/1995 somente utiliza a palavra rescisão para designar especificamente a extinção por iniciativa da concessionária, fundada em descumprimento contratual por parte do poder concedente.

ANULAÇÃO

A anulação é a extinção do contrato de concessão em decorrência de alguma ilegalidade, que poderá ocorrer tanto na licitação quanto no próprio contrato. Decorre de eventos concomitantes ou anteriores e, portanto, possui efeitos retroativos, ou seja, retorna desde a sua origem.

Para o caso de anulação, a previsão de indenização à concessionária ocorre se a nulidade for imputável exclusivamente ao Poder Concedente.

PARCERIAS PÚBLICO-PRIVADAS – PPP

A Lei 11.079/04 criou as chamadas Parcerias Público-Privadas como novas espécies de contrato de concessão de serviços públicos de natureza especial. A Lei prevê a possibilidade de celebração de contrato de concessão patrocinada, assim como contrato de concessão administrativa, com o intuito de diminuir os custos na prestação de atividades de interesse público.

As Parcerias Público-Privadas (PPPs) são um modelo de contrato de concessão de serviços públicos em que o setor privado é responsável pela execução de obras e serviços de interesse público, em parceria com o poder público.

Essa modalidade de contrato é regulamentada pela Lei nº 11.079/2004, que estabelece as diretrizes e procedimentos para a celebração de PPPs, e pela Lei nº 13.334/2016, que dispõe sobre o Plano Plurianual (PPA) e o Sistema de Planejamento e Orçamento Federal.

As PPPs são uma forma de viabilizar investimentos em infraestrutura e serviços públicos de qualidade, com menor dependência do orçamento público e maior eficiência na gestão dos recursos, além de estimular o desenvolvimento econômico e social do país.

As Parceria Público-Privada (PPP) são contratos de prestação de serviços de médio e longo prazo (de 5 a 35 anos), com valor não inferior a dez milhões de reais.

São vedadas as celebrações de contratos que tenham por objeto único o fornecimento de mão-de-obra, equipamentos ou execução de obra pública.

As PPP são utilizadas principalmente para a implantação da infraestrutura necessária a prestação do serviço contratado pela Administração, tais como água e saneamento, transportes e mobilidade urbana, portos, aeroportos, rodovias, ferrovias, defesa, parques nacionais iluminação pública etc. São projetos com custo elevado, por isso dependem de iniciativas de financiamento do setor privado.

A remuneração do particular será fixada com base em padrões de performance, sendo devida somente quando o serviço estiver à disposição do Estado ou dos usuários. Não se trata de uma privatização, já que não há transferência integral ou definitiva para o setor privado. A PPP envolve a contratação da obra e dos serviços a ela associados, desde que seja possível estabelecer indicadores de desempenho objetivos e mensuráveis durante todo o ciclo de vida do contrato.

Por se tratar de concessões especiais devem ter o prazo compatível com a amortização do investimento feito pelo parceiro privado. Na concessão especial, a remuneração é paga pelo usuário pela contraprestação; mas há a hipótese de uma outra contraprestação paga ao parceiro privado pelo parceiro público, quando se tratar da concessão patrocinada.

As contraprestações públicas são os pagamentos feitos pela Administração Pública ao parceiro privado em contrapartida ao serviço prestado. Preferencialmente, o valor da contraprestação deverá ser variável e vinculado ao desempenho do parceiro privado (Art. 6º parágrafo único da lei 11.079/2004).

Não há limite para a contraprestação do setor público em projetos de PPP, uma vez que a Administração Pública, direta ou indiretamente, é a única usuária. Entretanto, nas concessões patrocinadas, as contraprestações públicas não poderão exceder 70% (setenta por cento) da remuneração do parceiro privado, salvo autorização legislativa específica. (art. 10, §3º, lei n.º 11.079/2004).

As obrigações pecuniárias contraídas pela Administração Pública em contrato de PPP poderão ser garantidas mediante (art. 8º da lei n.º11.079/2004):

× Vinculação de receitas, instituição ou utilização de fundos especiais previstos em lei;

- Contratação de seguro-garantia com as companhias seguradoras que não sejam controladas pelo poder público;
- Garantia prestada por organismos internacionais ou instituições financeiras que não sejam controladas pelo poder público;
- Garantias prestadas por fundo garantidor ou empresa estatal criada para essa finalidade;
- Outros mecanismos admitidos em lei observado o disposto no inciso V do art. 167 da Constituição Federal;

As concessões especiais preveem o compartilhamento: uma repartição objetiva dos riscos entre as partes, inclusive fato do príncipe, caso fortuito, força maior, álea extraordinária etc. Para tal também é formulada a matriz de risco nas PPP. Existem algumas vedações (art. 2º, §4º):

- Não se pode celebrar contrato de parceria público-privada com período inferior a 05 anos.
- Não poderá celebrar PPP cujo objeto seja apenas fornecimento de mão de obra, ou fornecimento e instalação de equipamentos, ou simplesmente a execução de obras públicas. É necessário haver uma mistura de ao menos duas dessas atividades.
- Além disso, o contrato de execução de parceria público-privada não poderá ter valor inferior a 10 milhões de reais.

As obrigações pecuniárias contraídas pela Administração Pública nos casos de PPP's poderão ser garantidas, mediante vinculação de receita, utilização ou instituição de fundos especiais, contratos de seguro-garantia, organismos internacionais que irão prestar garantia em favor da administração pública, fundo garantidor ou fundo estatal para garantir essa medida, ou ainda outros mecanismos previstos em lei.

Concessão administrativa e concessão patrocinada são dois tipos de concessões que uma entidade governamental pode oferecer a uma empresa ou consórcio privado para prestar serviços públicos em seu nome.

A concessão administrativa é um contrato entre uma entidade pública e uma empresa privada em que a empresa é responsável pela construção, operação e manutenção de um serviço público por um período determinado. Nesse tipo de concessão, a empresa é responsável pelo risco financeiro e de desempenho e deve recuperar seus custos por meio de taxas cobradas dos usuários do serviço.

Já a concessão patrocinada é um contrato semelhante, em que a empresa privada também é responsável pela construção, operação e manutenção do serviço público. No entanto, neste caso, a entidade pública fornece algum tipo de financiamento ou subsídio para a empresa privada, a fim de reduzir o risco financeiro da empresa e incentivar a prestação do serviço público. A empresa privada também pode cobrar taxas dos usuários do serviço para recuperar seus custos, mas essas taxas são geralmente menores do que as cobradas na concessão administrativa.

Aduz Maria Sylvia Di Pietro (2022), "que não é cabível a cobrança de tarifa na concessão administrativa, mas "não há impedimento a que o concessionário receba recursos de outras fontes de receitas complementares, acessórias, alternativas ou decorrentes de projetos associados".

As concessões patrocinadas em que mais de setenta por cento da remuneração do parceiro privado deva ser paga pela administração pública dependerão de autorização legislativa específica (art. 10, § 3°).

As cláusulas dos contratos de parceria público-privada atenderão, no que couber, ao disposto no art. 23 da Lei 8.987/1995 - o qual enumera as cláusulas essenciais dos contratos de concessão comum - e devem também prever (art. 5°):

a. o prazo de vigência do contrato, compatível com a amortização dos investimentos realizados, não inferior a cinco, nem superior a trinta e cinco anos, incluindo prorrogação;

b. as penalidades aplicáveis à administração pública e ao parceiro privado em caso de inadimplemento contratual,

c. a repartição de riscos entre as partes, referentes a caso fortuito, força maior, fato do príncipe e álea econômica extraordinária;

d. as formas de remuneração e de atualização dos valores contratuais;

e. os mecanismos para a preservação da atualidade da prestação dos serviços;

f. os fatos que caracterizem a inadimplência pecuniária do parceiro público,

g. os critérios objetivos de avaliação do desempenho do parceiro privado;

h. a prestação, pelo parceiro privado, de garantias de execução suficientes e compatíveis com os ônus e riscos envolvidos, limitadas a até dez por cento do valor do contrato,

i. o compartilhamento com a administração pública de ganhos econômicos efetivos do parceiro privado decorrentes da redução do risco de crédito dos financiamentos utilizados pelo parceiro privado;

j. a realização de vistoria dos bens reversíveis

k. o cronograma e os marcos para o repasse ao parceiro privado das parcelas desse aporte de recursos, na fase de investimentos do projeto e/ou após a disponibilização dos serviços.

A contraprestação da administração pública nos contratos de parceria público-privada poderá ser feita por (art. 6°):

a. ordem bancária;

b. cessão de créditos não tributários;

c. outorga de direitos em face da administração pública;

d. outorga de direitos sobre bens públicos dominicais;

e. outros meios admitidos em lei.

As obrigações pecuniárias contraídas pela administração pública em contrato de parceria público-privada poderão ser garantidas mediante (art. 8°):

a. vinculação de receitas, observado o disposto no inciso IV do art. 167 da Constituição Federal (o dispositivo constitucional mencionado veda a vinculação de receitas de impostos a fundo, órgão ou despesa, ressalvadas unicamente as hipóteses de vinculação previstas na própria Constituição);

b. instituição ou utilização de fundos especiais previstos em lei;

c. contratação de seguro-garantia com as companhias seguradoras que não sejam controladas pelo poder público;

d. garantia prestada por organismos internacionais ou instituições financeiras que não sejam controladas pelo poder público; garantias prestadas por fundo garantidor ou empresa estatal criada para essa finalidade;

e. outros mecanismos admitidos em lei

A contratação de parcerias público-privadas será sempre precedida de licitação, podendo ser adotadas as modalidades concorrência ou diálogo competitivo. O Capítulo V da Lei 11.079/2004 (artigos 10 a 13) contém as regras sobre licitação.

A abertura do procedimento licitatório é condicionada à autorização da autoridade competente, fundamentada em estudo técnico que demonstre a conveniência e a oportunidade da contratação, mediante identificação das razões que justifiquem a opção pela forma de parceria público-privada. Deverá o referido estudo técnico, também, demonstrar explicitamente que serão atendidas as pertinentes exigências estipuladas na Lei Complementar 101/2000 - Lei de Responsabilidade Fiscal.

O julgamento da licitação poderá adotar como critérios (art. 12, II):

a. menor valor da tarifa do serviço público a ser prestado;
b. melhor proposta em razão da combinação do critério de menor valor da tarifa do serviço público a ser prestado com o de melhor técnica;
c. menor valor da contraprestação a ser paga pela administração pública;
d. melhor proposta em razão da combinação do critério de menor valor da contraprestação a ser paga pela administração pública com o de melhor técnica, de acordo com os pesos estabelecidos no edital.

A Lei 11.079/2004, no âmbito das regras especificamente aplicáveis à União, prevê a criação do denominado Fundo Garantidor de Parcerias Público-Privadas (FGP), disciplinando-o nos arts. 16 a 21. O FGP deve ser criado, administrado, gerido e representado judicial e extrajudicialmente por instituição financeira controlada, direta ou indiretamente, pela União (art. 17).

Caberá à instituição financeira deliberar sobre a gestão e alienação dos bens e direitos do FGP, terá natureza privada e patrimônio próprio separado do patrimônio dos cotistas, e será sujeito a direitos e obrigações próprios. O patrimônio do fundo será formado pelo aporte de bens e direitos realizado pelos cotistas, por meio da integralização de cotas e pelos rendimentos obtidos com sua administração.

O FGP responderá por suas obrigações com os bens e direitos integrantes de seu patrimônio, não respondendo os cotistas por qualquer obrigação do fundo, salvo pela integralização das cotas que subscreverem.

O parceiro privado poderá acionar o FGP nos casos de (art. 18, § 5.°):

> I - crédito líquido e certo, constante de título exigível aceito e não pago pelo parceiro público após 15 (quinze) dias contados da data de vencimento; e
> II - débitos constantes de faturas emitidas e não aceitas pelo parceiro público após 45 (quarenta e cinco) dias contados da data de vencimento, desde que não tenha havido rejeição expressa por ato motivado.

É proibido ao FGP pagar faturas rejeitadas expressamente por ato motivado. A ausência de aceite ou rejeição expressa de fatura por parte do parceiro público no prazo de quarenta dias contado da data de vencimento implicará aceitação tácita, O FGP é obrigado a honrar faturas aceitas e não pagas pelo parceiro público, inclusive no caso de aceite tácito (art. 18, §§ 9° a 12)

JÚLIA GOMES **129**

SOCIEDADES DE PROPÓSITO ESPECÍFICO

Para implantar e gerir o objeto da parceria entre o Poder Público e a iniciativa privada, deverá ser constituída uma sociedade de propósito específico, antes da celebração do contrato de parceria público-privada.

De acordo com a lei nº 11.079/2004, são sociedades empresárias incumbidas de implantar e gerir o objeto da parceria público-privada.

Devem obedecer a padrões de governança corporativa e adotar contabilidade e demonstrações financeiras padronizadas.

A constituição da SPE é um pré-requisito para celebração do contrato (art.9º). A finalidade as SPE é evitar a confusão patrimonial entre a SPE e as empresas que integram o seu quadro societário, o que poderia ocorrer caso os ativos e as receitas relacionadas com os serviços objeto da PPP fossem utilizados em outros negócios das empresas sócias da SPE.

A lei n.º 11.079/2009, art. 9º, apresenta normas peculiares às sociedades de propósito específico no âmbito das parcerias público-privadas, mas não cria tipo societário. As SPEs são apenas sociedades empresárias comuns, de qualquer tipo (sociedade limitada, sociedade anônima ou outro tipo previsto em lei), com objeto social delimitado (implantar e gerir o objeto da parceria – lei n.º 11.079/2004, art. 9º). Podem assumir a forma de companhia aberta.

A SPE também exerce outras funções úteis no contexto das PPPs. A separação entre a executora do projeto (a SPE) e seus proprietários (os concessionários) oferece maior grau de transferência contábil à operação da PPP, permitindo diagnósticos sobre a real rentabilidade do projeto, solidez financeira, eficiência operacional e outras informações úteis na gestão do contrato.

A administração não pode ser titular do capital votante dessa SPE, exceto quando eventualmente essa maioria do capital votante seja produto da aquisição por uma instituição financeira controlada do Poder Público daquelas quotas sociais em caso de inadimplemento do contrato de financiamento.

Se a SPE se torna inadimplente e o financiador do projeto for um banco público, poderá assumir o controle para evitar a inidoneidade financeira da sociedade e para evitar a descontinuidade do serviço público.

Se houver interesse da sociedade de propósito específico, essa transferência só será possível se houver previamente uma autorização expressa da administração pública.

130 DIREITO ADMINISTRATIVO

+ EXERCÍCIOS DE FIXAÇÃO

01. (FCC – 2022 – DETRAN-AP – Analista Jurídico em Trânsito) A prestação de serviços públicos incumbidos constitucionalmente à Administração, na forma da lei, pode operar-se

A) indiretamente ou sob regime de concessão ou permissão, independentemente de licitação.

B) diretamente ou sob regime de autorização, sempre por meio de licitação.

C) diretamente ou sob regime de concessão ou permissão, ambas precedidas de licitação.

D) indiretamente ou sob regime de concessão ou permissão, esta última sem necessidade de licitação.

E) diretamente ou sob regime de concessão, vedada a mera permissão.

02. (CESPE / CEBRASPE – 2022 – INSS – Técnico do Seguro Social) A concessão de serviço público consiste na delegação de sua prestação, feita pelo poder concedente, por meio de licitação, na modalidade concorrência ou diálogo competitivo, a pessoa jurídica ou a consórcio de empresas que demonstre capacidade para o seu desempenho, por sua conta e risco e por prazo determinado.

Certo

Errado

» GABARITO

01. Letra C. O Art. 175 da CF/88: Incumbe ao Poder Público, na forma da lei, diretamente ou sob regime de concessão ou permissão, sempre através de licitação, a prestação de serviços público.

02. Certo. É o que diz a letra da lei nº 8.987/95 Art. 2º, III - A concessão de serviço público será sempre precedida de licitação na modalidade concorrência ou diálogo competitivo.

RESPONSABILIDADE CIVIL ADMINISTRATIVA

INTRODUÇÃO

A responsabilidade civil administrativa refere-se à obrigação da administração pública de reparar os danos causados a terceiros por seus agentes públicos, no exercício de suas funções. Trata-se de uma responsabilidade objetiva, ou seja, independe da comprovação de culpa ou dolo por parte do agente público.

Os danos indenizáveis pela responsabilidade civil administrativa podem ser de ordem material ou moral e devem ser comprovados pelo interessado que pretende ser indenizado.

Celso Antônio Bandeira de Mello (2009), assevera que "responsabilidade civil do Estado está ligada a obrigação que lhe incumbe de reparar economicamente os danos lesivos a esfera juridicamente garantida de outrem e que lhes sejam imputáveis em decorrência de comportamentos unilaterais lícitos ou ilícitos, comissivos ou omissivos, materiais ou jurídicos".

O tema é trazido expressamente pelo art. 37, § 6°, da Constituição Federal: "As pessoas jurídicas de direito público e as de direito privado prestadoras de serviços públicos responderão pelos danos que seus agentes, nessa qualidade, causarem a terceiros, assegurado o direito de regresso contra o responsável nos casos de dolo ou culpa".

EVOLUÇÃO DA RESPONSABILIDADE DO ESTADO

A evolução da responsabilidade do Estado no Brasil passou por diversas fases ao longo da história do país. Inicialmente, o Estado brasileiro adotou a teoria da irresponsabilidade do Estado, que se baseava na ideia de que o Estado não poderia ser responsabilizado por atos praticados pelos seus agentes no exercício da função pública.

No entanto, essa visão foi sendo gradualmente superada com o passar do tempo, especialmente a partir da Constituição de 1946, que previa a responsabilidade civil do Estado pelos danos causados por seus agentes, e da Lei de Ação Popular de 1965, que previa a responsabilidade objetiva do Estado por danos causados a terceiros no exercício da função pública.

A Constituição Federal de 1988 consolidou essa evolução ao prever a responsabilidade objetiva do Estado por danos causados a terceiros no exercício da função pública, sem prejuízo da responsabilidade pessoal dos agentes públicos. Além disso, a Constituição ampliou o conceito de responsabilidade do Estado ao prever a responsabilidade por omissão, ou seja, por não agir quando deveria agir para evitar um dano.

Desde então, a responsabilidade do Estado tem sido objeto de constantes discussões e evoluções, especialmente em relação à responsabilidade por danos ambientais, pela prestação de serviços públicos e pela má gestão de recursos públicos. No entanto, a tendência é que a responsabilidade objetiva do Estado se mantenha como o principal fundamento para a reparação de danos causados pela atuação estatal.

A evolução da responsabilidade do Estado passou, basicamente, pelas seguintes fases:

TEORIA DA IRRESPONSABILIDADE CIVIL DO ESTADO

A teoria da irresponsabilidade civil administrativa foi uma corrente de pensamento que prevaleceu no Brasil até meados do século XX, que se baseava na ideia de que o Estado não poderia ser responsabilizado pelos atos praticados por seus agentes públicos no exercício da função pública. Essa teoria, também conhecida como teoria da supremacia do interesse público, argumentava que o Estado não poderia ser prejudicado financeiramente pelos danos causados pelos seus agentes, sob o risco de comprometer o interesse público.

Essa visão foi largamente difundida no início do século XX, especialmente em virtude da forte influência do positivismo jurídico, que considerava o Estado como um ente superior e infalível, cujas ações sempre se orientavam pelo bem comum. A teoria da irresponsabilidade administrativa prevaleceu no Brasil até a promulgação da Constituição de 1946, que previu a responsabilidade civil do Estado pelos danos causados por seus agentes.

Com o tempo, a teoria da irresponsabilidade administrativa foi sendo gradualmente superada, especialmente após a promulgação da Constituição de 1988, que consolidou a responsabilidade objetiva do Estado por danos causados a terceiros no exercício da função pública, independentemente da comprovação de culpa ou dolo dos agentes públicos. Hoje, a teoria da irresponsabilidade administrativa é considerada ultrapassada e incompatível com os princípios do Estado democrático de direito, que preza pela responsabilização dos agentes públicos e pela proteção dos direitos fundamentais dos cidadãos.

Atualmente a doutrina da "irresponsabilidade estatal" está totalmente superada.

TEORIA DA RESPONSABILIDADE COM CULPA

Com o a derrocada do absolutismo e ascensão do liberalismo surge a fase da responsabilidade com culpa comum do Estado. Esta pretendia equiparar o Estado ao indivíduo – sendo assim, o Estado era obrigado a indenizar os danos causados a terceiros da mesma forma que na relação obrigacional entre particulares.

Porém como o Estado age por meio de seus agentes, somente seria possível pleitear a indenização se estes tivessem agido com culpa ou dolo, cabendo ao particular o ônus da prova. A falta do serviço poderia ocorrer pela inexistência dele, mau funcionamento ou retardamento. Ocorrendo qualquer destas modalidades surge a obrigação de indenizar, mas sempre cabendo o ônus da prova ao particular.

TEORIA DA CULPA ADMINISTRATIVA (CULPA DO SERVIÇO OU CULPA ANÔNIMA)

A teoria da culpa administrativa é uma doutrina jurídica que trata da responsabilidade do Estado por danos causados a terceiros em razão de atos ou omissões de seus agentes públicos no exercício de suas funções. De acordo com essa teoria, para que o Estado seja responsabilizado, é necessário que fique comprovada a existência de culpa por parte do agente público.

A culpa administrativa pode ser classificada em duas categorias: culpa pessoal e culpa institucional. A primeira ocorre quando o agente público age com negligência, imprudência ou imperícia no desempenho de suas funções, causando prejuízos a terceiros. Já a culpa institucional ocorre quando o dano é causado em decorrência de falhas na organização e estruturação do órgão público.

De acordo com a teoria da culpa administrativa, o Estado só pode ser responsabilizado pelos danos causados se houver uma relação direta entre a conduta do agente público e o dano causado. Além disso, é necessário que o dano seja efetivo e mensurável.

Cabe destacar que essa teoria tem sido substituída gradativamente pela teoria do risco administrativo, que estabelece a responsabilidade objetiva do Estado pelos danos causados por seus agentes públicos, independentemente da existência de culpa.

No Brasil a teoria da Culpa Administrativa foi adotada a partir da Constituição de 1824.

TEORIA DO RISCO INTEGRAL

A Teoria do Risco Integral consiste em um aumento da responsabilidade civil, uma vez que não há a adoção de excludentes de responsabilidade como culpa exclusiva de terceiro, força maior, caso fortuito etc.

Nela o Estado será sempre responsável quando houver um evento lesivo. A existência de excludentes de responsabilidade não possuem o condão de afastar o dever de indenizar. O nexo causal é aglutinante/diferenciado, é a realização do risco antevisto no resultado.

No Brasil esta teoria só é aplicada mediante indicação expressa por exemplo caso de danos por atividades nucleares (artigo 21, XXIII, "c" e "d" CF/88).

TEORIA DO RISCO ADMINISTRATIVO

Qualquer ação estatal que prejudique um indivíduo cria uma obrigação do poder público de indenizá-lo, independentemente de o dano ter sido causado por falta de serviço ou por culpa de um determinado representante público. O dano causado pela ação do Estado é suficiente.

Nesta conjectura, não estamos falando de evidências concretas da culpa do Estado. No entanto, as agências governamentais podem fazer exceções à sua responsabilidade de defesa. A teoria do risco administrativo foi consagrada com a constituição de 1946, e na teoria do risco administrativo seus princípios chegar a um consenso. Mesmo que o estado aja legalmente, suas ações podem prejudicar alguém. Como essa perda é inerente à atividade social, ela deve ser suportada pelo Estado.

A Constituição Federal de 1988, adotou a Teoria do Risco Administrativo para a atuação estatal e a culpa administrativa para a omissão. Quando se trata de um ato ilícito o Estado responde objetivamente, em nome do Princípio da Legalidade.

Já na hipótese de responsabilidade por ato lícito, o fundamento da responsabilização do Estado é a isonomia.

A responsabilidade é objetiva, quando se tratar de ação, e subjetiva, quando se tratar de omissão, devendo, neste caso, ser comprovada a culpa anônima.

O Supremo Tribunal Federal admite em casos específicos que a responsabilidade por omissão também seja objetiva nos casos do suicídio do preso ou assassinato, o Estado responde objetivamente por violação do seu dever específico de zelar pela integridade física e moral do preso sob sua custódia (STF ARE 700.927). Na mesma linha a superlotação de cela gera dever de indenizar de indenizar o preso em razão da situação degradante (STF, RE n.º 580.282).

A grande característica da Teoria do Risco Administrativo, é que, além de hipótese de responsabilidade objetiva, admite excludente de responsabilidade. Se ficar provado que houve culpa exclusiva da vítima, caso fortuito ou força maior ou culpa exclusiva de terceiro, afasta-se a responsabilidade, pois exclui-se o nexo causal em razão de uma dessas excludentes.

O STF já decidiu que, em regra, o Estado não tem responsabilidade civil por atos praticados por presos foragidos; a exceção será quando demonstrado nexo causal direto. Nos termos do artigo 37, § 6º, da Constituição Federal, não se caracteriza a responsabilidade civil objetiva do Estado por danos decorrentes de crime praticado por pessoa foragida do sistema prisional, quando não demonstrado o nexo causal direto entre o momento da fuga e a conduta praticada. (RE 608.880)

A responsabilidade do agente público causador do dano é subjetiva. Para responsabilizá-lo é necessário que se prove culpa. Por exemplo, servidor público dirigindo carro da Administração Pública, vem uma pessoa na contramão e bate no carro. Neste caso, não houve nexo causal, inexiste conduta do Estado que tenha gerado dano. Foi a conduta do particular que gerou o dano.

O Estado tem direito de regresso contra o agente causador do dano. Outro exemplo é de médico que causa danos ao paciente durante cirurgia em hospital público. O paciente pode ajuizar uma ação contra o

Estado e este, por sua vez, pode ajuizar uma ação de regresso contra o médico, devendo provar que o médico agiu com culpa.

A responsabilidade civil objetiva prevista no art. 37, § 6°, não se restringe à prática de atos administrativos; mesmo a atuação administrativa que não configure ato administrativo pode acarretar obrigação de reparar os danos.

Os elementos que caracterizam a responsabilidade objetiva do Estado. Para gerar responsabilidade do Estado, devem surgir três elementos: a conduta administrativa, o dano e o nexo causal.

× Conduta (Lícita ou ilícita) – Praticada por um agente público, atuando nessa qualidade de agente.

× Dano – Causado a um bem protegido pelo ordenamento jurídico.

× Nexo Causal – A Conduta do agente e determinante para a ocorrência do evento danoso ensejador da responsabilidade.

A teoria do risco administrativo admite algumas hipóteses de exclusão de responsabilidade civil. Portanto, são elas: Caso fortuito ou força maior, culpa exclusiva da vítima e fato exclusivo de terceiro.

São considerados casos fortuitos ou força maior eventos humanos ou da natureza dos quais não se poderia prever ou evitar. Nos casos em que a culpa é exclusiva da vítima, há que se destacar que a culpa pode ser exclusiva da vítima, o que não há que se falar em responsabilidade do Estado. Ou atenuação da responsabilidade, quando há concorrência de culpa.

E, por último, atos exclusivos de terceiros. Esse é o caso de eventos com multidões ou muitas pessoas e não há controle da situação. Nesse caso, o Estado só poderá ser responsabilizado de forma subjetiva (com comprovação de culpa ou dolo) em casos de omissões.

RESPONSABILIDADE DO ESTADO POR OMISSÃO

A responsabilidade do Estado por omissão ocorre quando a administração pública não age de forma adequada para garantir direitos fundamentais dos cidadãos, causando danos ou prejuízos a terceiros. Nesse caso, o Estado pode ser responsabilizado pela omissão, ou seja, pela falta de ação, o que configura um comportamento passivo do poder público.

A responsabilidade do Estado por omissão é regulada pela Constituição Federal de 1988, que estabelece que é dever do Estado garantir a efetividade dos direitos fundamentais, tais como a saúde, a educação, a segurança, entre outros. Assim, se o Estado não tomar medidas para garantir o cumprimento desses direitos e ocorrerem danos ou prejuízos a terceiros, o Estado poderá ser responsabilizado por sua omissão.

No entanto, para que a responsabilidade do Estado por omissão seja configurada, é necessário que fique comprovado que o Estado tinha o dever de agir e que a omissão causou o dano ou prejuízo ao cidadão. Além disso, é preciso que haja uma relação direta de causalidade entre a omissão do Estado e o dano sofrido pelo cidadão.

Cabe destacar que, em alguns casos, a responsabilidade do Estado por omissão pode ser afastada, quando a omissão decorrer de situações que fogem do controle do poder público, como catástrofes naturais ou situações de guerra.

AÇÃO REGRESSIVA

A ação regressiva é proposta pelo Estado contra o agente público causador do dano, nos casos de culpa ou dolo (art. 37, § 6º, da CF). Sua finalidade é a apuração da responsabilidade pessoal do agente público. Tem como pressuposto já ter sido o Estado condenado na ação indenizatória proposta pela vítima.

Como a Constituição Federal determina que a ação regressiva é cabível nos casos de culpa ou dolo, impõe se a conclusão de que a ação regressiva é baseada na teoria subjetiva. Caberá ao autor da ação (entidade estatal) demonstrar a ocorrência dos requisitos ensejadores da responsabilidade do agente: ato, dano, nexo e culpa/dolo. A inexistência do elemento subjetivo (dolo ou culpa) no caso concreto exclui a responsabilidade do agente público na ação regressiva.

Em razão do princípio da indisponibilidade, a propositura da ação regressiva, quando cabível, é um dever imposto à Administração. Sobre a questão do prazo para propositura da ação regressiva predomina, para provas e concursos públicos, o entendimento, baseado no art. 37, § 5º, da Constituição Federal, de que a ação regressiva é imprescritível.

São pressupostos para a propositura da ação regressiva:

1. condenação do Estado na ação indenizatória;
2. trânsito em julgado da decisão condenatória (não precisa aguardar o levantamento do precatório);
3. culpa ou dolo do agente
4. ausência de denunciação da lide na ação indenizatória

+ EXERCÍCIOS DE FIXAÇÃO

01. (FCC – 2022 – DETRAN-AP – Analista Jurídico em Trânsito) Acerca da responsabilidade civil da administração, a reparação do dano ocorrerá na seguinte hipótese:

A) Apenas as pessoas jurídicas de direito público responderão pelos danos causados a terceiros.

B) As pessoas jurídicas de direito privado prestadoras de serviço público responderão pelos danos causados a terceiros.

C) Tanto as pessoas jurídicas de direito público quanto os seus agentes, estes últimos de forma direta, responderão pelos danos causados a terceiros.

D) Os agentes integrantes da Administração Pública responderão, regressivamente, pelos danos causados a terceiros, desde que tenham agido exclusivamente com dolo.

E) Os agentes integrantes da Administração Pública responderão, regressivamente, pelos danos causados a terceiros, desde que tenham agido exclusivamente com culpa.

02. (CESPE / CEBRASPE – 2022 – INSS – Técnico do Seguro Social) Com base na teoria do risco administrativo, admite-se pesquisa em torno da culpa da vítima, a fim de abrandar ou excluir a responsabilidade civil objetiva das pessoas jurídicas de direito público e das pessoas jurídicas de direito privado prestadoras de serviço público.

» GABARITO

01. Letra B. A responsabilidade civil das empresas estatais (empresa pública e sociedade de economia mista) varia conforme a atividade desempenhada por tais. Quando prestadora de serviço público, isto é, regida pelo direito público, aplica-se a teoria do risco administrativo, respondendo objetivamente pelos danos causados a particulares. Já a exploradora de atividade econômica - regida pelo direito privado, dá-se a responsabilidade subjetiva.

Art. 37, §6º, da CF: As pessoas jurídicas de direito público e as de direito privado prestadoras de serviços públicos responderão pelos danos que seus agentes, nessa qualidade, causarem a terceiros, assegurado o direito de regresso contra o responsável nos casos de dolo ou culpa.

02. Certo. A pesquisa é admitida porque nos casos atenuantes, o agente pode provar que a vítima concorreu para a ilicitude, respondendo ambos em concorrência. Já nos casos de força maior ou culpa exclusiva da vítima, a vítima agiu com culpa isolada e a responsabilidade do Estado é excluída. Ou seja, na culpa exclusiva da vítima ela responde sozinha.

CONTROLE DA ADMINISTRAÇÃO

A administração pública tem função de proteger os interesses da sociedade. Assim, ao imputar poderes aos representantes públicos, a lei define claramente as limitações ao exercício desses poderes.

As ações do Estado são inseparáveis da busca do bem comum. Consequentemente, deve haver um monitoramento constante, que possa verificar e sancionar eventuais desvios.

De acordo com José dos Santos Carvalho Filho (2020), os mecanismos de controle sobre a Administração Pública têm como objetivos fundamentais garantir o respeito aos direitos subjetivos dos usuários e assegurar a observância das diretrizes constitucionais da Administração.

Os mecanismos de controle têm natureza jurídica de princípio fundamental da Administração Pública. É o que se extrai da norma contida no art. 6º, V, do Decreto-lei n. 200/67: As atividades da Administração Federal obedecerão aos seguintes princípios fundamentais:

a. planejamento;
b. coordenação;
c. descentralização;
d. delegação de competência;
e. controle.

CLASSIFICAÇÃO DO CONTROLE DA ADMINISTRAÇÃO

O controle da administração pública poderá ser classificado das seguintes formas:

a. Conforme o momento a ser exercido o controle:
× Prévio – o controle é exercido antes da prática do ato. É o Senado Federal que autoriza a União, o estado ou o município a contrair empréstimo externo.

- × Concomitante – o controle acontece durante a prática do ato. É a fiscalização de um contrato em andamento enquanto a obra está sendo executada.
- × Posterior – o controle tem por objetivo convalidar ou declarar a nulidade de um ato administrativo. Por exemplo, a homologação de uma licitação é um controle a posteriori.

b. Conforme a amplitude

- × Hierárquico – resulta do poder hierárquico o escalonamento vertical dos órgãos da Administração Pública.
- × Finalístico – também chamado de tutela ou de supervisão ministerial. Não decorre de hierarquia, sendo exercido pela Administração direta sobre a indireta, e depende de previsão legal.

c. Conforme a origem

- × Interno – o controle é realizado pela própria Administração ou no interior de um mesmo Poder.
- × Externo – é o controle realizado por um órgão que pertence a um Poder distinto do que praticou o ato. Por ser um controle realizado por um Poder em face do outro, é típico do sistema de freios e contrapesos.

Não há hierarquia entre os sistemas de controle externo e interno, e sim complementariedade.

CONTROLE ADMINISTRATIVO

O controle administrativo é fundamentado no poder de autotutela que a Administração exerce sobre seus próprios atos. Os meios de controle administrativo são a supervisão ministerial sobre as entidades descentralizadas e o controle hierárquico típico dos órgãos da Administração direta.

Em regra, no Direito brasileiro, não existe necessidade de esgotamento da via administrativa para ser possível recorrer ao Poder Judiciário (art. 5º, XXXV, da CF). A exceção diz respeito às questões envolvendo Direito Desportivo (art. 217, § 1º, da CF).

RECURSO HIERÁRQUICO

Quanto aos recursos hierárquicos, a doutrina identifica duas categorias:

a. recurso hierárquico próprio: é aquele endereçado à autoridade superior à que praticou o ato recorrido. Como tal recurso é inerente à organização escalonada da Administração, pode ser interposto sem necessidade de previsão legal.

b. recurso hierárquico impróprio: dirigido à autoridade que não ocupa posição de superioridade hierárquica em relação a quem praticou o ato recorrido. Tal modalidade de recurso só pode ser interposta mediante expressa previsão legal.

CONTROLE LEGISLATIVO

É realizado no âmbito dos parlamentos e dos órgãos auxiliares do Poder Legislativo. Sua abrangência inclui o controle político sobre o próprio exercício da função administrativa e o controle financeiro sobre a gestão dos gastos públicos dos três Poderes, além de todos os atos praticados pela Administração Pública, nos limites definidos pela Constituição.

O Controle Legislativo poderá ser exercido de ofício ou mediante provocação de particulares interessados que terão o poder de representar aos órgãos controladores com denúncias de irregularidades.

Esse controle poderá ser prévio ou posterior à prática do ato controlado, e pode ser exercido no tocante aos aspectos de legalidade e mérito. Exemplo: A nomeação de um Ministro do Supremo Tribunal Federal, por exemplo: Configura ato discricionário, extrapolando a simples análise de legalidade.

CONTROLE PARLAMENTAR DIREITO

Trata-se de controle efetivado pelo próprio parlamento diretamente, mediante manifestação do Congresso Nacional.

Hipóteses constitucionais de controle parlamentar direto

Controles exercidos pelo Congresso Nacional

a. é competência exclusiva do Congresso Nacional fiscalizar e controlar, diretamente, ou por qualquer de suas Casas, os atos do Poder Executivo, incluídos os da administração indireta (art. 49, X);

b. é competência exclusiva do Congresso Nacional sustar os atos normativos do Poder Executivo que exorbitem do poder regulamentar ou dos limites de delegação legislativa (art. 49, V);

c. é competência do Congresso Nacional sustar contratos que apresentem ilegalidade, mediante solicitação do Tribunal de Contas da União (art. 71, § 1.°);

d. é competência da Câmara dos Deputados e do Senado Federal, ou de qualquer de suas comissões, convocar Ministros de Estado ou quaisquer titulares de órgãos diretamente subordinados à Presidência da República para prestarem, pessoalmente, informações sobre assunto previamente determinado, importando crime de responsabilidade a ausência sem justificação adequada (art. 50, caput),

e. é competência das Mesas da Câmara dos Deputados e do Senado Federal encaminhar pedidos escritos de informações a Ministros de Estado ou a quaisquer titulares de órgãos diretamente subordinados à Presidência da República, importando em crime de responsabilidade a recusa, ou o não atendimento, no prazo de trinta dias, bem como a prestação de informações falsas (art. 50, § 2.°);

f. é competência exclusiva do Congresso Nacional julgar anualmente as contas prestadas pelo Presidente da República e apreciar os relatórios sobre a execução dos planos de governo (art. 49, IX);

CONTROLE EXERCIDO PELOS TRIBUNAIS DE CONTAS

O Tribunal de Contas é órgão auxiliar do Poder Legislativo no controle externo.

Os Tribunais de Contas têm competência para fiscalização de quaisquer pessoas, físicas ou jurídicas, públicas ou privadas que utilizem dinheiro público, incluindo as contas do Ministério Público e Defensorias, do Poder Legislativo e do Poder Judiciário, assim como para efetivar seu controle sobre entidades privadas que utilizem dinheiro público para execução de suas atividades.

Atualmente, existem no Brasil:

a. Tribunal de Contas da União (TCU), órgão auxiliar do Congresso Nacional;

b. Tribunais de Contas dos Estados (TCEs), órgãos auxiliares das Assembleias Legislativas;

c. Tribunal de Contas do Distrito Federal (TCDF), órgão auxiliar da Câmara Legislativa Distrital;

d. Tribunais de Contas dos Municípios (TCMs), órgãos auxiliares das Câmaras Municipais.

A Constituição Federal reconheceu a existência somente de TCMs em dois municípios brasileiros: São Paulo (TCMSP) e Rio de Janeiro (TCMRJ), sendo vedada a criação de novos tribunais, conselhos ou órgãos de contas municipais, além dos dois já existentes (art. 31, § 4º, da CF).

Os Tribunais de Contas têm natureza jurídica de órgãos públicos primários despersonalizados. São chamados de órgãos "primários" ou "independentes" porque seu fundamento e estrutura encontram-se na própria Constituição Federal, não se sujeitando a qualquer tipo de subordinação hierárquica ou funcional a outras autoridades estatais. São órgãos de natureza político-administrativa. Nesse sentido, não integram a estrutura do Legislativo, Executivo ou Judiciário. São órgãos diretamente ligados à entidade federativa sem pertencer a nenhum dos três Poderes.

De acordo com o art. 71 da Constituição Federal, compete ao Tribunal de Contas da União:

1. apreciar as contas prestadas anualmente pelo Presidente da República, mediante parecer prévio que deverá ser elaborado em sessenta dias a contar de seu recebimento;

2. julgar as contas dos administradores e demais responsáveis por dinheiros, bens e valores públicos da Administração direta e indireta, incluídas as fundações e sociedades instituídas e mantidas pelo Poder Público federal, e as contas daqueles que derem causa a perda, extravio ou outra irregularidade de que resulte prejuízo ao erário público;

3. apreciar, para fins de registro, a legalidade dos atos de admissão de pessoal, a qualquer título, na Administração direta e indireta, incluídas as fundações instituídas e mantidas pelo Poder Público, excetua das as nomeações para cargo de provimento em comissão, bem como a das concessões de aposentadorias, reformas e pensões, ressalvadas as melhorias posteriores que não alterem o fundamento legal do ato concessório. Segundo precedentes do STF, os atos de aposentadoria são atos complexos que somente se aperfeiçoam com o registro na Corte de Contas respectiva. Submetido à condição resolutiva, não se operam os efeitos da decadência antes da vontade final da Administração.

4. realizar, por iniciativa própria, da Câmara dos Deputados, do Senado Federal, de Comissão técnica ou de inquérito, inspeções e auditorias de natureza contábil, financeira, orçamentária, operacional e patrimonial, nas unidades administrativas dos Poderes Legislativo, Executivo e Judiciário, e demais entidades governamentais;

5. fiscalizar as contas nacionais das empresas supranacionais de cujo capital social a União participe, de forma direta ou indireta, nos termos do tratado constitutivo;

6. fiscalizar a aplicação de quaisquer recursos repassados pela União mediante convênio, acordo, ajuste ou outros instrumentos congêneres, ao Estado, ao Distrito Federal ou ao Município;

7. prestar as informações solicitadas pelo Congresso Nacional, por qualquer de suas Casas, ou por quaisquer das respectivas Comissões, sobre a fiscalização contábil, financeira, orçamentária, operacional e patrimonial e sobre resultados de auditorias e inspeções realizadas; 8) aplicar aos responsáveis, em caso de ilegalidade de despesa ou irregularidade de contas, as sanções previstas em lei, que estabelecerá, entre outras cominações, multa proporcional ao dano causado ao erário;

9. assinar prazo para que o órgão ou entidade adote as providências necessárias ao exato cumprimento da lei, se verificada ilegalidade;

10. sustar, se não atendido, a execução do ato impugnado, comunicando a decisão à Câmara dos Deputados e ao Senado Federal;

11. representar ao Poder competente sobre irregularidades ou abusos apurados

Os Tribunais de Contas podem sustar atos administrativos impugnados, mas tal poder não se estende a eventuais contratos administrativos submetidos à sua apreciação. No caso de contrato administrativo, o ato de sustação será adotado diretamente pelo Congresso Nacional, que solicitará de imediato ao Poder Executivo as medidas cabíveis (art. 71, § 1°, da CF).

Se o Congresso Nacional ou o Executivo, após noventa dias, não deliberarem sobre o tema, então o Tribunal de Contas decidirá a respeito (art. 71, § 2°, da CF). Nessa seara podemos destacar o entendimento sumulado do STF Súmula 347: "O Tribunal de Contas, no exercício de suas atribuições, pode apreciar a constitucionalidade das leis e dos atos do Poder Público".

CONTROLE JUDICIAL

O controle judicial no direito administrativo é a possibilidade do Poder Judiciário exercer a fiscalização e correção dos atos da Administração Pública. Trata-se de um dos principais mecanismos de controle do poder estatal, garantindo que as ações do Estado estejam em conformidade com as leis e a Constituição.

O controle judicial das atividades administrativas é realizado sempre mediante provocação, podendo ser prévio ou posterior. Como o Brasil adota o modelo inglês da jurisdição una, e não o modelo francês do contencioso administrativo, todas as causas são decididas pelo Poder Judiciário, mesmo aquelas que envolvam interesse da Administração.

O controle judicial é exercido por meio de ações judiciais, como o mandado de segurança, a ação popular, a ação civil pública, entre outras, que permitem aos cidadãos, entidades e ao próprio Ministério Público questionar a legalidade, a legitimidade, a moralidade e a eficiência dos atos administrativos.

É importante destacar que o controle judicial não se confunde com a atuação da Administração Pública, que é uma atividade administrativa de natureza política e discricionária. O controle judicial é uma atividade jurisdicional que visa corrigir os atos ilegais ou inconstitucionais praticados pela Administração Pública, sem substituir o seu juízo de valor ou a sua discricionariedade.

AÇÕES JUDICIAIS

A atuação judicial, depende de provocação do particular interessado no sentido de requerer a manifestação deste poder, anulando ato administrativo viciado ou impedindo a prática de ato a ser realizado, ou ainda, determinando a atuação do ente público em determinados.

Atualmente, existem vários instrumentos para efetivação do controle jurisdicional. As mais importantes ações judiciais de controle da Administração Pública são:

MANDADO DE SEGURANÇA

O Mandado de Segurança é uma ação mandamental de rito especial, previsto no art. 5º, LXIX, da CF e Lei nº 12.016/2009, para proteção de direitos individuais ou coletivos, violados ou ameaçados por ato administrativo ilegal. Com efeito, diante do ato ilegal que viola direito líquido e certo de particular, é possível requerer, mediante a impetração de Mandado de Segurança, que se declare a nulidade desta conduta.

O mandado de segurança pode ser repressivo - visando a obstar ou a reparar uma lesão já ocorrida - ou preventivo - visando a afastar uma ameaça de lesão ao direito líquido e certo do impetrante.

O mandado de segurança preventivo visa a evitar que determinada atuação ocorra concretamente. Para ser impetrado deve ser comprovada a existência de uma efetiva ameaça de lesão a direito líquido e certo do impetrante.

De acordo com a jurisprudência do Supremo Tribunal Federal, a efetiva ocorrência, depois da impetração, do ato cuja prática se pretendia impedir com o mandado de segurança preventivo não acarreta a perda de objeto deste, isto é, a ação não fica prejudicada, sua tramitação prosseguirá - porém, agora, como um mandado de segurança repressivo.

O objeto da ação de mandado de segurança pode ser:

a. a anulação de um ato lesivo ou a cessação de determinada conduta, quando se tratar de mandado de segurança repressivo contra um ato ou uma atuação;

b. a determinação de que seja praticado um ato ou adotada uma dada conduta, quando se tratar de mandado de segurança repressivo contra uma omissão;

c. a exigência de abstenção de praticar um ato ou de adotar uma dada conduta, quando se tratar de mandado de segurança preventivo.

Estabelece a Lei 12.016/2009 que não se concederá mandado de segurança quando se tratar (art. 5°);

> I - de ato do qual caiba recurso administrativo com efeito suspensivo, independentemente de caução;
> II - de decisão judicial da qual caiba recurso com efeito suspensivo;
> III - de decisão judicial transitada em julgado.

Têm legitimidade ativa para impetrar mandado de segurança individual (impetrantes):

a. as pessoas físicas ou jurídicas, nacionais ou estrangeiras, domiciliadas ou não no Brasil;

b. as universalidades reconhecidas por lei, que, embora sem personalidade jurídica, possuem capacidade processual para defesa de seus direitos (o espólio, a massa falida, o condomínio de apartamentos, a sociedade de fato etc.);

c. os órgãos públicos de alta hierarquia, na defesa de suas prerrogativas e atribuições; o Ministério Público, competindo a impetração, perante os tribunais locais, ao promotor de justiça, quando o ato atacado emanar de juiz de primeiro grau de jurisdição (Lei 8.625/1993, art. 32);

d. os agentes políticos (governador de estado, prefeito municipal, magistrados, deputados, senadores, vereadores, membros do Ministério Público, membros dos tribunais de contas, ministros de Estado, secretários de estado etc.), na defesa de suas atribuições e prerrogativas.

A formação de litisconsórcio ativo é possível, mas o ingresso de litisconsorte ativo não será admitido depois do despacho da petição inicial (art. 10, § 2°).

Têm legitimidade passiva em mandado de segurança (impetrados):

a. autoridades públicas de quaisquer dos Poderes da União, dos estados, do Distrito Federal e dos municípios, sejam de que categoria forem e sejam quais forem as funções que exerçam;

b. os representantes ou órgãos de partidos políticos e os administradores de entidades autárquicas (incluídas as fundações governamentais com personalidade jurídica de direito público);

c. os dirigentes de pessoas jurídicas de direito privado, integrantes ou não da administração pública formal, e as pessoas naturais, desde que eles estejam no exercício de atribuições do Poder Público, e somente no que disser respeito a essas atribuições.

Atenção! Não cabe mandado de segurança contra os atos de gestão comercial praticados pelos administradores de empresas públicas, de sociedade de economia mista e de concessionárias de serviço público (art. 1°, § 2°)

Quanto ao uso do mandado de segurança, merecem destaque os seguintes entendimentos jurisprudenciais do Supremo Tribunal Federal:

× Não cabe mandado de segurança contra lei em tese (Súmula 266).

× Não cabe mandado de segurança contra ato judicial passível de recurso ou correição (Súmula 267).

× Não cabe mandado de segurança contra decisão judicial com trânsito em julgado (Súmula 268).

× Mandado de segurança não é substitutivo de ação de cobrança (Súmula 269).

O prazo para impetração do mandado de segurança é de cento e vinte dias, contados da ciência, pelo interessado, do ato impugnado (art. 23). Trata-se, conforme orientação do Supremo Tribunal Federal, de prazo decadencial, não passível de suspensão ou interrupção.

MANDADO DE SEGURANÇA COLETIVO

O mandado de segurança coletivo surgiu no Brasil com a Carta Política de 1988, arrolado entre as garantias constitucionais fundamentais, no art. 5°, LXX. O texto constitucional limita-se a estabelecer a existência do mandado de segurança coletivo e a discriminar os legitimados à impetração.

Nos termos da Constituição Federal, o mandado de segurança coletivo só pode ser impetrado por:

a. partido político com representação no Congresso Nacional; ou
b. organização sindical, entidade de classe ou associação legalmente constituída e em funcionamento há pelo menos um ano, em defesa dos interesses de seus membros ou associados.

COMPETÊNCIA PARA JULGAMENTO DO MANDADO DE SEGURANÇA

A competência varia de acordo com a autoridade coatora, havendo prerrogativa de foro, conforme consta na Carta Maior. Nessa esteira, pode-se definir as seguintes regras de competência para julgamento:

Supremo Tribunal Federal (art. 102 da CF)	Contra atos do Presidente da República, das Mesas da Câmara dos Deputados e do Senado Federal, do Tribunal de Contas da União, do Procurador-Geral da República e do próprio Supremo Tribunal Federal.
Superior Tribunal de Justiça (art. 105 da CF)	Contra ato de Ministro de Estado, dos Comandantes da Marinha, do Exército e da Aeronáutica ou do próprio Tribunal.
Tribunal Regional Federal (art. 108 da CF)	Contra ato do próprio Tribunal ou de juiz federal
Tribunal de Justiça	Definido nas Constituições estaduais, normalmente para julgamento de governador, secretário estadual e prefeitos
Justiça Federal (art. 109 da CF)	Outras autoridades federais
Justiça Estadual	Outras autoridades estaduais ou municipais

TEORIA DA ENCAMPAÇÃO

A teoria da encampação é uma das teorias que regem o direito administrativo brasileiro, e consiste na possibilidade de a Administração Pública aproveitar atos administrativos praticados por órgãos ou agentes subordinados, mesmo que tenham sido praticados de forma irregular ou ilegal.

Essa teoria se baseia no princípio da eficiência e da economicidade da Administração Pública, e visa evitar que atos que tenham sido praticados de forma irregular tenham que ser anulados e refeitos, o que poderia gerar custos e atrasos para a Administração.

Assim, segundo a teoria da encampação, se um ato administrativo foi praticado por um órgão ou agente subordinado de forma irregular ou ilegal, mas que está de acordo com os objetivos e interesses da Administração Pública, esta pode optar por mantê-lo, assumindo a responsabilidade pelo ato e seus efeitos.

Vale ressaltar, no entanto, que a encampação não se aplica a todos os casos, e deve haver uma análise cuidadosa da legalidade e dos interesses envolvidos no ato administrativo, para que a Administração possa assumir a responsabilidade sem violar a lei ou os direitos dos cidadãos.

A teoria da encampação é uma forma de garantir a eficiência e a celeridade na atuação da Administração Pública, desde que sejam respeitados os princípios da legalidade, impessoalidade, moralidade, publicidade e eficiência.

Nesse sentido, a doutrina e a jurisprudência em direito administrativo passaram a admitir que o mandado de segurança impetrado em face de autoridade coatora errada siga o seu curso, inclusive com análise do mérito e decisão final.

Para aplicar tal teoria necessita preencher 03 requisitos cumulativamente:

a. A autoridade coatora não pode se limitar a alegar sua ilegitimidade, devendo prestar as informações requeridas;

b. A autoridade administrativa que foi apontada erroneamente como coatora e prestou as informações deve ser de nível hierárquico superior ao da autoridade que deveria ter sido notificada;

c. O erro em relação à autoridade coatora não pode ensejar modificação de competência estabelecida na Constituição Federal.

A súmula 628 do STJ, trata do tema:

> A teoria da encampação é aplicada no mandado de segurança quando presentes, cumulativamente, os seguintes requisitos: a) existência de vínculo hierárquico entre a autoridade que prestou informações e a que ordenou a prática do ato impugnado; b) manifestação a respeito do mérito nas informações prestadas; e c) ausência de modificação de competência estabelecida na Constituição Federal.

HABEAS CORPUS

Habeas Corpus é uma ação judicial prevista na Constituição Federal brasileira, que tem como objetivo garantir a liberdade de locomoção de uma pessoa que esteja sofrendo constrangimento ilegal ou ameaça de violência à sua liberdade de ir e vir.

O habeas corpus pode ser impetrado por qualquer pessoa, em seu próprio favor ou em favor de terceiro, desde que comprove a ilegalidade ou abuso de poder que esteja sofrendo ou ameaçando sua liberdade de locomoção.

Vale ressaltar que o habeas corpus é uma ação constitucional que visa proteger um direito fundamental, a liberdade de locomoção, e por isso, deve ser utilizado de forma criteriosa, evitando-se o seu uso indevido para outros fins.

O habeas corpus também não é cabível em casos de prisão legal, ou seja, quando a pessoa está presa em razão de uma decisão judicial fundamentada e com base na lei.

O habeas corpus protege o direito de locomoção. Previsto no art. 5º, LXVIII, da CF: conceder-se-á habeas corpus sempre que alguém sofrer ou se achar ameaçado de sofrer violência ou coação em sua liberdade de locomoção, por ilegalidade ou abuso de poder".

Atenção! Não é cabível "em relação a punições disciplinares militares" (art. 142, § 2º).

Para torná-lo acessível a todos, o artigo 5º, inciso LXXVII, determina a sua gratuidade.

O habeas corpus pode ser impetrado por qualquer pessoa, nacional ou estrangeira, em benefício próprio ou de terceiros.

Os pressupostos para sua propositura são: ilegalidade ou abuso de poder, seja por parte de autoridade pública, seja por parte de particular; violência, coação ou ameaça à liberdade de locomoção.

AÇÃO POPULAR

A ação popular é uma ação judicial prevista na Constituição Federal brasileira, que tem como objetivo permitir que qualquer cidadão possa defender o patrimônio público, a moralidade administrativa, o meio ambiente e outros interesses difusos e coletivos.

A ação popular pode ser utilizada em diversas situações, como para anular contratos irregulares, impedir a realização de atos lesivos ao meio ambiente, combater atos de corrupção e nepotismo, entre outras situações que afetem o patrimônio público ou os interesses coletivos.

O processo de ação popular é regido pela Lei nº 4.717/1965, e é gratuito para qualquer cidadão, não sendo necessário contratar um advogado. Em caso de vitória na ação, o autor popular pode receber uma indenização pelos danos causados à sociedade, e o réu pode ser obrigado a pagar multa e ser afastado do cargo.

Dispõe que (CF, art. 5º, LXXIII): LXXIII - qualquer cidadão é parte legítima para propor ação popular que vise anular ato lesivo ao patrimônio público ou de entidade de que o Estado participe, à moralidade administrativa, ao meio ambiente e ao patrimônio histórico e cultural, ficando o autor, salvo comprovada má-fé, isento de custas judiciais e do ônus da sucumbência;

O entendimento pacífico do Supremo Tribunal Federal é de que não se exige a comprovação de um prejuízo financeiro aos cofres públicos, de uma efetiva lesão ao erário, material, pecuniária, para que tenha cabimento a ação popular.

A Constituição Federal isenta o autor da ação popular de custas e de ônus de sucumbência, salvo comprovada má-fé. A gratuidade beneficia o autor da ação, e não os réus; se julgada procedente a ação popular, serão estes condenados ao ressarcimento de eventuais despesas havidas pelo autor da ação. A competência para conhecer da ação, processá-la e julgá-la é determinada pela origem do ato impugnado (art. 5º).

AÇÃO CIVIL PÚBLICA

Trata-se de ação cabível sempre que o legitimado tiver a intenção de garantir a proteção a interesses difusos e coletivos, assim como os de direitos individuais homogêneos, com regulamentação na lei 7.347/85.

A lei prevê a possibilidade de ajuizamento de ação cautelar para defesa dos direitos coletivos, objetivando evitar o dano ao meio ambiente, ao consumidor, à ordem urbanística ou bens e direitos de valor artístico, estético, histórico, turístico e paisagístico, bem como, com a finalidade de proteção à honra de grupos raciais, étnicos ou religiosos.

Os legitimados ativos na ação civil pública estão enumerados no art. 5º da Lei 7.347/1985, abaixo reproduzido;

Art. 5º Têm legitimidade para propor a ação principal e a ação cautelar;

I - o Ministério Público;

II - a Defensoria Pública;

III - a União, os Estados, o Distrito Federal e os Municípios;

IV - a autarquia, empresa pública, fundação ou sociedade de economia mista;

V - a associação que, concomitantemente:

a. esteja constituída há pelo menos 1 (um) ano nos termos da lei civil;

b. inclua, entre suas finalidades institucionais, a proteção ao patrimônio público e social, ao meio ambiente, ao consumidor, à ordem econômica, à livre concorrência, aos direitos de grupos raciais, étnicos ou religiosos ou ao patrimônio artístico, estético, histórico, turístico e paisagístico.

O Ministério Público, se não intervier no processo como parte, atuará obrigatoriamente como fiscal da lei. É facultado ao Poder Público e às associações legitimadas habilitar-se como litisconsortes de qualquer das partes. Em caso de desistência infundada ou abandono da ação por associação legitimada, o Ministério Público ou outro legitimado assumirá a titularidade ativa.

Como sujeito passivo na ação civil pública pode figurar qualquer pessoa que tenha ocasionado lesão ou ameaça de lesão aos bens jurídicos passíveis de serem tutelados pela referida ação.

MANDADO DE INJUNÇÃO

O mandado de injunção é uma ferramenta utilizada para fazer com que as normas previstas na Constituição Federal sejam válidas e aplicadas na prática. Ou seja, é uma forma de assegurar os direitos apresentados no estatuto, sem qualquer interferência ou ilegalidade.

Previsto no art. 5º, LXXI, da Constituição Federal define que "conceder-se-á mandado de injunção sempre que a falta de norma regulamentadora torne inviável o exercício dos direitos e liberdades constitucionais e das prerrogativas inerentes à nacionalidade, à soberania e à cidadania".

Sobre o assunto, foi publicada a Lei nº 13.300/16, disciplinando o processo de julgamento do mandado de injunção individual ou coletivo.

São legitimadas para o mandado de injunção as pessoas naturais ou jurídicas que se afirmam titulares dos direitos, das liberdades ou das prerrogativas mencionadas no texto constitucional.

A demanda será intentada contra o Poder, o órgão ou a autoridade com atribuição para editar a norma regulamentadora (art. 3º da Lei n. 13.300/2016).

MANDADO DE INJUNÇÃO COLETIVO

O mandado de injunção coletivo, foi regulamentado pela Lei nº 13.300/16, que será abordada de forma mais exaustiva mais adiante neste artigo.

O mandado de injunção coletivo só pode ser proposto pelas entidades restritas no artigo 12 da lei 13.300/16, que são:

"Art. 12. O mandado de injunção coletivo pode ser promovido:

I – pelo Ministério Público, quando a tutela requerida for especialmente relevante para a defesa da ordem jurídica, do regime democrático ou dos interesses sociais ou individuais indisponíveis;

II – por partido político com representação no Congresso Nacional, para assegurar o exercício de direitos, liberdades e prerrogativas de seus integrantes ou relacionados com a finalidade partidária;

III – por organização sindical, entidade de classe ou associação legalmente constituída e em funcionamento há pelo menos 1 (um) ano, para assegurar o exercício de direitos, liberdades e prerrogativas em favor da totalidade ou de parte de seus membros ou associados, na forma de seus estatutos e desde que pertinentes a suas finalidades, dispensada, para tanto, autorização especial;

IV – pela Defensoria Pública, quando a tutela requerida for especialmente relevante para a promoção dos direitos humanos e a defesa dos direitos individuais e coletivos dos necessitados, na forma do inciso LXXIV do art. 5º da Constituição Federal".

Essas entidades podem entrar com o mandado de injunção caso em nome próprio, mas em defesa do direito alheio. Esse pedido, como o individual, pode ser feito quando se perceber que um direito constitucional não se faz viável por falta de norma regulamentadora.

O parágrafo único do artigo 12 da Lei 13.300/16 determina que "os direitos, as liberdades e as prerrogativas protegidos por mandado de injunção coletivo são os pertencentes, indistintamente, a uma coletividade indeterminada de pessoas ou determinada por grupo, classe ou categoria".

HABEAS DATA

Habeas Data é uma ação judicial prevista na Constituição Federal brasileira, que tem como objetivo permitir que uma pessoa possa ter acesso às informações que estão sendo mantidas a seu respeito em bancos de dados e arquivos de entidades governamentais ou privadas.

O Habeas Data é uma garantia constitucional que assegura a proteção do direito à privacidade, à liberdade de expressão e à autodeterminação informativa.

Com ele, qualquer pessoa pode solicitar acesso aos seus dados pessoais que estejam sendo armazenados em bancos de dados públicos ou privados, bem como solicitar a retificação ou exclusão desses dados.

Além disso, a ação de Habeas Data pode ser utilizada para exigir que dados falsos ou desatualizados sejam corrigidos, garantindo a precisão das informações que estão sendo mantidas sobre a pessoa.

Para impetrar uma ação de Habeas Data, a pessoa deve comprovar que teve seu direito à privacidade violado ou que as informações que estão sendo mantidas sobre ela são imprecisas, incompletas, desatualizadas ou foram obtidas de forma ilegal.

O habeas data, no direito brasileiro, constitui inovação introduzida pelo artigo 5º, inciso LXXII, da Constituição de 1988:

> "Conceder-se-á habeas data: para assegurar o conhecimento de informações relativas à pessoa do impetrante, constantes de registros ou bancos de dados de entidades governamentais ou de caráter público; para a retificação de dados, quando não se prefira fazê-lo por processo sigiloso, judicial ou administrativo".

A Lei n.º 9.507/97, em seu artigo 7º, trouxe as três hipóteses que autorizam o Habeas Data. São elas:

> I – Para assegurar o conhecimento de informações relativas à pessoa do impetrante, constantes de registro ou banco de dados de entidades governamentais ou de caráter público;
> II – Para a retificação de dados, quando não se prefira fazê-lo por processo sigiloso, judicial ou administrativo;
> III – Para a anotação nos assentamentos do interessado, de contestação ou explicação sobre dado verdadeiro, mas justificável e que esteja sob pendência judicial ou amigável.

Sujeito ativo do habeas data é a pessoa, brasileira ou estrangeira, a que se refere a informação. Sujeito passivo é a entidade governamental ou de caráter público que tenha registro ou banco de dados sobre a pessoa.

Não é cabível o habeas data quando o particular pretende o fornecimento de certidões, quando então, será admitida a impetração da ação mandamental.

AÇÃO DE IMPROBIDADE

A lei de improbidade administrativa é um marco significativo para o combate da corrupção sistemática entre o Poder Público e as entidades privadas. No ano de 2021, foi aprovada a nova lei de improbidade administrativa (Lei 14.230/21). Por meio dela, são alteradas algumas disposições presentes na lei vigente até então (Lei 8.429/92).

Com previsão na Carta Constitucional, art. 37, § 4º, da CF e Lei n. 8.429/92, os agentes públicos que praticarem condutas tipificadas na Lei n. 8.429/92 estarão sujeitos à aplicação das sanções de suspensão dos direitos políticos, devolução de bens, multa civil, perda da função pública, indisponibilidade dos bens, proibição de contratar com o Estado e ressarcimento integral do dano.

As ações judiciais de controle sobre a Administração podem ser utilizadas tanto em caso de lesão efetiva quanto na hipótese de ameaça a direito ou interesse do particular.

Os textos contribuem para promover o respeito ao interesse público que os cargos demandam. Bem como, servem para definir as punições cabíveis a quaisquer atos de improbidade administrativa.

PRESCRIÇÃO

A prescrição é a perda da pretensão (direito de ação) devido à inércia de seu titular, também é reconhecido pela legislação pertinente ao Direito Administrativo.

Como regra, o prazo para interposição de recursos administrativos é de cinco dias.

Já o prazo para propositura de ações judiciais, tanto pela Administração quanto pelo administrado, em regra é de cinco anos. As hipóteses de suspensão e interrupção do prazo prescricional previstas na legislação civil também são aplicáveis às ações judiciais pertinentes ao Direito Administrativo.

+ EXERCÍCIOS DE FIXAÇÃO

01. (CESPE / CEBRASPE – 2022 – MPC-SC – Técnico em Atividades Administrativas) Caso a referida pena seja anulada em decisão proferida no aludido mandado de segurança, estará caracterizado o exercício do controle judicial.

Certo

Errado

» GABARITO

01. Certo. Os atos administrativos são passíveis de controle de legalidade pelo poder Judiciário e pela própria administração pública.

Várias são as ações que pode veicular este controle, uma delas é o MS.

São considerados instrumentos de controle judicial:

- ✕ Mandado de Segurança;
- ✕ Mandado de Segurança Coletivo;
- ✕ Ação Civil Pública;
- ✕ Ação Popular;
- ✕ Mandado de Injunção;
- ✕ Habeas Data;
- ✕ Ação de Improbidade Administrativa.

IMPROBIDADE ADMINISTRATIVA

INTRODUÇÃO

A improbidade administrativa tem base na Constituição Federal que, em seu art. 37, §4º, estabelece que a lei sancionará os atos de improbidade.

Segundo o STF, o fato de a LIA ter ampliado o rol de sanções mínimas originariamente previstas na Constituição Federal não representa inconstitucionalidade (AgRg no RE 598.588).

Para José dos Santos Carvalho Filho (2020), a "ação de Improbidade Administrativa é aquela em que se se pretende o reconhecimento judicial de condutas de improbidade na Administração, perpetradas por administradores públicos e terceiros, e a consequente aplicação das sanções legais, com o escopo de preservar o princípio da moralidade administrativa".

Pode-se dizer que a Lei de Improbidade Administrativa definiu contornos concretos para o princípio da moralidade administrativa, com base no enunciado no art. 37, caput, da CF de 1988. Na verdade, o princípio da probidade é um subprincípio dentro da noção mais abrangente de moralidade. O dever de punição dos atos de improbidade é também uma imposição do princípio da legalidade.

Todo crime configura contra a Administração Pública, ao menos em tese, um ato ímprobo. Além da esfera penal, certamente será um ato ímprobo: ainda que não gere enriquecimento ilícito e nem danos ao erário, certamente de alguma forma atentará contra algum princípio administrativo. Em outras palavras, todo crime contra a administração é considerado um ato ímprobo, mas não necessariamente um ato ímprobo será considerado como crime.

A regra é a independência das esferas caso um indivíduo pratique um mesmo ato que configura crime e improbidade administrativa. Assim, suponha que um servidor subtraia um item do órgão público em que trabalha valendo-se da sua condição de agente público. Caso esse servidor seja absolvido na esfera criminal, isso não o exime de responder na esfera cível, em regra. Paralelamente, ainda poderá ser instaurado um processo administrativo disciplinar. Nada impede, por exemplo, que sendo absolvido por falta de provas na esfera criminal, ele seja punido por improbidade administrativa. Também não impede que ele seja exonerado do serviço público no PAD.

COMPETÊNCIA

A competência legislativa para legislar sobre improbidade é privativa da União, pois é norma sobre direito processual civil (art. 22, I, CF/88); ou seja, os demais entes federativos não podem legislar sobre improbidade, a não ser na hipótese remota de haver uma lei complementar que delegue essa competência legislativa para pontos específicos.

ALTERAÇÕES TRAZIDAS PELA NOVA LEI DE IMPROBIDADE ADMINISTRATIVA

Sancionada em dezembro de 2021, a nova Lei de Improbidade Administrativa (Lei 14.230/21) impacta diretamente a conceituação e tipificação da improbidade administrativa.

Por meio da nova lei, mais de 20 artigos são modificados ou revogados. E muitos dos trechos que sofreram alterações, como é o caso do Art. 1º, por exemplo, versam justamente sobre a definição do ato ilícito.

Vejamos algumas das principais alterações promovidas pela nova lei:

a. eliminação da improbidade culposa;
b. ampliação prazo prescricional de cinco para oito anos;
c. previsão de prescrição intercorrente com prazo de quatro anos;
d. legitimidade exclusiva do Ministério Público para propositura da ação;
e. ampliação das penas de multa e suspensão de direitos políticos;
f. estabelecimento do prazo de 365 dias, prorrogável uma vez por igual período, para realização do inquérito civil.

A Lei de Improbidade Administrativa (LIA) sancionada em 1992 previa que a ação de improbidade administrativa, em seu rito ordinário, poderia ser proposta tanto pelo Ministério Público, quanto pela pessoa jurídica. Com a nova lei de improbidade (Lei 14.230/92), essa previsão é alterada, passando a dar exclusividade ao MP: "Art. 17. A ação para a aplicação das sanções de que trata esta Lei será proposta pelo

Ministério Público e seguirá o procedimento comum previsto na Lei nº 13.105, de 16 de março de 2015 (Código de Processo Civil), salvo o disposto nesta Lei.

Por outro lado, a nova lei acrescenta uma espécie de "notificação" ao MP, nos seguintes termos: "Art. 7º Se houver indícios de ato de improbidade, a autoridade que conhecer dos fatos representará ao Ministério Público competente, para as providências necessárias.

Além disso, o MP passa a ter exclusividade também na proposição de acordos. Enquanto, ao juiz, cabe converter sanções em multas, quando assim julgar necessário.

ELEMENTOS DO ATO DE IMPROBIDADE

Para que o ato de improbidade implique a aplicação das medidas sancionatórias, é preciso que alguns elementos estejam presentes:

× Sujeito passivo;
× Sujeito ativo;
× Ato de improbidade;
× Elemento subjetivo.

SUJEITO PASSIVO DO ATO DE IMPROBIDADE

Sujeito passivo é a entidade prejudicada pelo ato de improbidade administrativa. É a vítima da improbidade. Conforme o disposto no art. 1º da Lei n. 8.429/92, podem ocupar essa condição pessoas jurídicas organizadas nas seguintes categorias:

a. Administração Pública Direta: composta pelas pessoas federativas, a saber, União, Estados, Distrito Federal, Municípios e Territórios;
b. Administração Pública Indireta: são autarquias, fundações públicas, associações públicas, empresas públicas, sociedades de economia mista e fundações governamentais;
c. entidades privadas que recebam subvenção, benefício ou incentivo, fiscal ou creditício, provenientes de entes públicos ou governamentais: as pessoas jurídicas privadas, não pertencentes ao Estado, também podem figurar como sujeito passivo de ato de improbidade administrativa desde que recebam algum tipo de vantagem concedida pelo Poder Público, tais como: subvenções, benefícios, incentivos fiscais ou incentivos creditícios. Porém, nesses casos, a sanção patrimonial fica limitada à repercussão do ilícito sobre a contribuição dos cofres públicos (art. 1º, § 7º, da LIA).

d. entidades privadas para cuja criação ou custeio o erário haja concorrido ou concorra no seu patrimônio ou receita atual, limitado o ressarcimento de prejuízos, também nesse caso, à repercussão do ilícito sobre a contribuição dos cofres públicos (art. 1º, § 7º, da LIA): o ato de improbidade também pode ser praticado contra as denominadas empresas privadas com participação estatal, isto é, aquelas em que o Estado detenha percentual minoritário na composição do capital votante. Nesse caso, a entidade não pertence à Administração Pública, mas é sujeito passivo de atos de improbidade. É o que ocorre, por exemplo, com as sociedades de propósito específico criadas para gerir parcerias público-privadas (art. 9º, § 4º, da Lei n. 11.079/2004).

Sobre os partidos políticos e suas fundações, o art. 23-C exclui a incidência da LIA. Os danos por eles sofridos regem-se pela Lei n. 9.096/95 (Lei dos Partidos Políticos).

SUJEITO ATIVO DO ATO DE IMPROBIDADE

O art. 2º da LIA prescreve que o ato de improbidade administrativa pode ser praticado por qualquer agente público, "ainda que transitoriamente ou sem remuneração".

O termo mencionado "qualquer agente público" significa que os atos de improbidade podem ser praticados por todas as categorias de agentes públicos, incluindo servidores estatutários, empregados públicos celetistas, agentes políticos, contratados temporários e particulares em colaboração com a Administração, tais como os requisitados de serviço (mesários e conscritos, por exemplo).

A LIA aplica-se também a funcionários e dirigentes de sindicatos, entidades do terceiro setor, como as assistenciais, e pessoas componentes do sistema "S".

Assim, admite-se a sujeição de particulares às penalidades da LIA, desde que:

a. induzam a prática do ato;

b. concorram para sua realização;

c. sucedam o infrator; ou

d. se beneficiem dos atos de improbidade. Sem estar enquadrado nessa condição de "colaborador" com a conduta ímproba de agente público, o particular, agindo sozinho, nunca está submetido às penas da Lei de Improbidade.

ESPÉCIES DE ATO DE IMPROBIDADE

A Lei n. 8.429/92, em seus arts. 9º a 11, descreve as condutas que caracterizam improbidade administrativa, dividindo-as em três grupos distintos:

a. atos de improbidade administrativa que importam enriquecimento ilícito (art. 9º)

b. atos de improbidade administrativa que causam prejuízo ao erário (art. 10)

c. atos de improbidade que atentam contra os princípios da administração pública (art. 11)

A Lei n. 14.230/2021 revogou o art. 10-A que previa uma quarta categoria, a saber, a dos atos de improbidade decorrentes da concessão ou aplicação indevida de benefício fiscal em matéria de Imposto sobre Serviços (ISS).

Entretanto, tais condutas não deixaram de enquadrarem-se como ímprobas, pois sua tipificação permanece presente genericamente no art. 10, VII: "conceder benefício administrativo ou fiscal sem a observância das formalidades legais ou regulamentares aplicáveis à espécie"; bem como, especificamente, no inciso XXII do mesmo artigo: "conceder, aplicar ou manter benefício financeiro ou tributário contrário ao que dispõem o caput e o § 1º do art. 8º-A da Lei Complementar n. 116, de 31 de julho de 2003".

Atenção! A caracterização do ato de improbidade não exige a ocorrência de lesão financeira ao erário.

Importante destacar que foi eliminada a improbidade culposa, exigindo-se para caracterizar a conduta como ímproba que haja dolo por parte do agente. É o que agora está sintetizado na redação do § 1º do art. 17-C, segundo o qual "a ilegalidade sem a presença de dolo que a qualifique não configura ato de improbidade".

Na prática, significa que condutas culposas, como a imprudência, imperícia e negligência, deixam de ser consideradas improbidade.

No que diz respeito ao dolo, ele se manifesta já na modificação do parágrafo primeiro do Art. 1:

§ 1º Consideram-se atos de improbidade administrativa as condutas dolosas tipificadas nos arts. 9º, 10 e 11 desta Lei, ressalvados tipos previstos em leis especiais. (Incluído pela Lei nº 14.230, de 2021)

Da mesma forma, ao consultar os artigos 9, 10 e 11° da norma, onde se encontra descrição dos atos de improbidade, tem-se uma mudança de redação, para retirar a possibilidade culposa e priorizar o dolo.

É, por exemplo, o caso do Art. 9, que passa para a incluir a expressão "mediante a prática de atos dolosos":

> Art. 9° Constitui ato de improbidade administrativa importando em enriquecimento ilícito auferir, mediante a prática de ato doloso, qualquer tipo de vantagem patrimonial indevida em razão do exercício de cargo, de mandato, de função, de emprego ou de atividade nas entidades referidas no art. 1° desta Lei.

ATOS DE IMPROBIDADE ADMINISTRATIVA QUE IMPORTAM ENRIQUECIMENTO ILÍCITO (ART. 9°)

São hipóteses em que o agente público aufere dolosamente uma vantagem patrimonial indevida em razão do exercício de cargo, mandato, função, emprego ou atividade pública. O rol exemplificativo desse tipo de ato de improbidade está previsto nos 12 incisos do art. 9° da LIA

> I – receber, para si ou para outrem, dinheiro, bem móvel ou imóvel, ou qualquer outra vantagem econômica, direta ou indireta, a título de comissão, percentagem, gratificação ou presente de quem tenha interesse, direto ou indireto, que possa ser atingido ou amparado por ação ou omissão decorrente das atribuições do agente público;
>
> II – perceber vantagem econômica, direta ou indireta, para facilitar a aquisição, permuta ou locação de bem móvel ou imóvel, ou a contratação de serviços pelas entidades referidas no art. 1° por preço superior ao valor de mercado;
>
> III – perceber vantagem econômica, direta ou indireta, para facilitar a alienação, permuta ou locação de bem público ou o fornecimento de serviço por ente estatal por preço inferior ao valor de mercado;
>
> IV – utilizar, em obra ou serviço particular, qualquer bem móvel, de propriedade ou à disposição de qualquer das entidades referidas no art. 1° desta Lei, bem como o trabalho de servidores, de empregados ou de terceiros contratados por essas entidades;
>
> V – receber vantagem econômica de qualquer natureza, direta ou indireta, para tolerar a exploração ou a prática de jogos de azar, de lenocínio, de narcotráfico, de contrabando, de usura ou de qualquer outra atividade ilícita, ou aceitar promessa de tal vantagem;
>
> VI – receber vantagem econômica de qualquer natureza, direta ou indireta, para fazer declaração falsa sobre qualquer dado técnico que envolva obras públicas ou qualquer outro serviço ou sobre quantidade, peso, medida, qualidade ou característica de mercadorias ou bens fornecidos a qualquer das entidades referidas no art. 1° desta Lei;

VII – adquirir, para si ou para outrem, no exercício de mandato, de cargo, de emprego ou de função pública, e em razão deles, bens de qualquer natureza, decorrentes dos atos descritos no caput deste artigo, cujo valor seja desproporcional à evolução do patrimônio ou à renda do agente público, assegurada a demonstração pelo agente da licitude da origem dessa evolução;

VIII – aceitar emprego, comissão ou exercer atividade de consultoria ou assessoramento para pessoa física ou jurídica que tenha interesse suscetível de ser atingido ou amparado por ação ou omissão decorrente das atribuições do agente público, durante a atividade;

IX – perceber vantagem econômica para intermediar a liberação ou aplicação de verba pública de qualquer natureza;

X – receber vantagem econômica de qualquer natureza, direta ou indiretamente, para omitir ato de ofício, providência ou declaração a que esteja obrigado;

XI – incorporar, por qualquer forma, ao seu patrimônio bens, rendas, verbas ou valores integrantes do acervo patrimonial das entidades mencionadas no art. 1º desta lei;

XII – usar, em proveito próprio, bens, rendas, verbas ou valores integrantes do acervo patrimonial das entidades mencionadas no art. 1º desta lei".

ATOS DE IMPROBIDADE ADMINISTRATIVA QUE CAUSAM PREJUÍZO AO ERÁRIO (ART. 10)

O segundo tipo de ato de improbidade, cujas hipóteses estão exemplificativamente indicadas no art. 10 da LIA, envolve condutas de gravidade intermediária.

São as hipóteses em que o agente público causa dolosamente lesão ao erário por meio de qualquer ação ou omissão que enseje perda patrimonial, desvio, apropriação, malbaratamento ou dilapidação dos bens ou haveres das entidades públicas mencionadas na Lei.

Exige-se para caracterizar a prática de improbidade nesses casos a comprovação efetiva de danos ao erário, sendo vedada a condenação ao ressarcimento por danos hipotético ou presumido.

As hipóteses mais importantes estão listadas no art. 10 da LIA, a saber:

I – Facilitar ou concorrer, por qualquer forma, para a indevida incorporação ao patrimônio particular, de pessoa física ou jurídica, de bens, de rendas, de verbas ou de valores integrantes do acervo patrimonial das entidades referidas no art. 1º da LIA;

II – Permitir ou concorrer para que pessoa física ou jurídica privada utilize bens, rendas, verbas ou valores integrantes do acervo patrimonial das entidades mencionadas no art. 1º da LIA, sem a observância das formalidades legais ou regulamentares aplicáveis à espécie;

164 DIREITO ADMINISTRATIVO

III – Doar à pessoa física ou jurídica bem como ao ente despersonaliza-do, ainda que de fins educativos ou assistenciais, bens, rendas, verbas ou valores do patrimônio de qualquer das entidades mencionadas no art. 1º da LIA, sem observância das formalidades legais e regulamentares aplicá-veis à espécie;

IV – Permitir ou facilitar a alienação, permuta ou locação de bem integrante do patrimônio de qualquer das entidades referidas no art. 1º da LIA, ou ain-da a prestação de serviço por parte delas, por preço inferior ao de mercado;

V – Permitir ou facilitar a aquisição, permuta ou locação de bem ou serviço por preço superior ao de mercado;

VI – Realizar operação financeira sem observância das normas legais e re-gulamentares ou aceitar garantia insuficiente ou inidônea;

VII – Conceder benefício administrativo ou fiscal sem a observância das formalidades legais ou regulamentares aplicáveis à espécie;

VIII – Frustrar a licitude de processo licitatório ou de processo seletivo para celebração de parcerias com entidades sem fins lucrativos, ou dispensá-los indevidamente, acarretando perda patrimonial efetiva;

IX – Ordenar ou permitir a realização de despesas não autorizadas em lei ou regulamento;

X – Agir ilicitamente na arrecadação de tributo ou de renda, bem como no que diz respeito à conservação do patrimônio público;

XI – Liberar verba pública sem a estrita observância das normas pertinentes ou influir de qualquer forma para a sua aplicação irregular;

XII – Permitir, facilitar ou concorrer para que terceiro se enriqueça ilicitamente;

XIII – Permitir que se utilize, em obra ou serviço particular, veículos, má-quinas, equipamentos ou material de qualquer natureza, de propriedade ou à disposição de qualquer das entidades mencionadas no art. 1º da LIA, bem como o trabalho de servidor público, empregados ou terceiros contratados por essas entidades;

XIV – Celebrar contrato ou outro instrumento que tenha por objeto a pres-tação de serviços públicos por meio da gestão associada sem observar as formalidades previstas na lei;

XV – Celebrar contrato de rateio de consórcio público sem suficiente e pré-via dotação orçamentária, ou sem observar as formalidades previstas na lei;

XVI – Facilitar ou concorrer, por qualquer forma, para a incorporação, ao patrimônio particular de pessoa física ou jurídica, de bens, rendas, verbas ou valores públicos transferidos pela Administração Pública a entidades privadas mediante celebração de parcerias, sem a observância das formali-dades legais ou regulamentares aplicáveis à espécie;

XVII – Permitir ou concorrer para que pessoa física ou jurídica privada utilize bens, rendas, verbas ou valores públicos transferidos pela adminis-tração pública a entidade privada mediante celebração de parcerias, sem a observância das formalidades legais ou regulamentares aplicáveis à espécie;

XVIII – Celebrar parcerias da administração pública com entidades privadas sem a observância das formalidades legais ou regulamentares aplicáveis à espécie;

XIX – Agir para a configuração de ilícito na celebração, na fiscalização e na análise das prestações de contas de parcerias firmadas pela administração pública com entidades privadas;

XX – Liberar recursos de parcerias firmadas pela administração pública com entidades privadas sem a estrita observância das normas pertinentes ou influir de qualquer forma para a sua aplicação irregular;

XXI – (revogado);

XXII – (acrescentado) conceder, aplicar ou manter benefício financeiro ou tributário contrário ao que dispõem a Lei Complementar 116/2003 em matéria de Imposto Sobre Serviços".

No art. 10 foram acrescentados dois parágrafos limitadores do poder punitivo da LIA.

O § 1º afasta a pena de ressarcimento se dá inobservância de formalidades legais ou regulamentares não resultar perda patrimonial efetiva. O dispositivo, inclusive, considera enriquecimento sem causa a exigência de ressarcimento se não houve dano patrimonial.

No § 2º prescreve que a simples perda patrimonial decorrente de atividade econômica não constitui improbidade administrativa, salvo se comprovado o dolo com tal finalidade.

Neste último caso, o legislador quis, uma vez mais, afastar uma hipótese de improbidade culposa.

ATOS DE IMPROBIDADE QUE ATENTAM CONTRA OS PRINCÍPIOS DA ADMINISTRAÇÃO PÚBLICA (ART. 11)

A terceira espécie de ato de improbidade, descrita no art. 11 da LIA, envolve as condutas de menor gravidade que atentam dolosamente contra os princípios da administração pública, violando os deveres de honestidade, imparcialidade, legalidade, mas sem provocar qualquer lesão financeira ao erário.

O art. 11 da Lei n. 8.429/92 enumera o seguinte rol taxativo:

"I – (revogado);

II – (revogado);

III – revelar fato ou circunstância de que tem ciência em razão das atribuições e que deva permanecer em segredo, propiciando beneficiamento por informação privilegiada ou colocando em risco a segurança da sociedade e do Estado;

IV – negar publicidade aos atos oficiais, exceto em razão de sua imprescindibilidade para a segurança da sociedade e do Estado ou de outras hipóteses instituídas em lei;

V – frustrar, em ofensa à imparcialidade, o caráter concorrencial de concurso público, de chamamento ou de procedimento licitatório, com vistas à obtenção de benefício próprio, direto ou indireto, ou de terceiros;

VI – deixar de prestar contas quando esteja obrigado a fazê-lo, desde que disponha das condições para isso, com vistas a ocultar irregularidades;

VII – revelar ou permitir que chegue ao conhecimento de terceiro, antes da respectiva divulgação oficial, teor de medida política ou econômica capaz de afetar o preço de mercadoria, bem ou serviço;

VIII – descumprir as normas relativas à celebração, fiscalização e aprovação de contas de parcerias firmadas pela administração pública com entidades privadas.

IX – (revogado);

X – (revogado);

XI – nomear cônjuge, companheiro ou parente em linha reta, colateral ou por afinidade, até o terceiro grau, inclusive, da autoridade nomeante ou de servidor da mesma pessoa jurídica investido em cargo de direção, chefia ou assessoramento, para o exercício de cargo em comissão ou de confiança ou, ainda, de função gratificada na administração pública direta e indireta em qualquer dos Poderes da União, dos Estados, do Distrito Federal e dos Municípios, compreendido o ajuste mediante designações recíprocas;

XII – praticar, no âmbito da administração pública e com recursos do erário, ato de publicidade que contrarie o disposto no § 1º do art. 37 da Constituição Federal, de forma a promover inequívoco enaltecimento do agente público e personalização de atos, de programas, de obras, de serviços ou de campanhas dos órgãos públicos".

O art. 11 foi modificado pela Lei nº 14.230/2021. Além do caput ter transformado o rol de hipóteses em uma lista taxativa, foram totalmente revogados os incisos I, II, IX e X. Houve mudança na redação dos incisos III, IV, V e VI. Inseriram-se ainda duas novas hipóteses: nepotismo, que agora é improbidade (inciso XI); realizar promoção pessoal em publicidade governamental, violando o art. 37, § 1º, da Constituição Federal (inciso XII).

SANÇÕES CABÍVEIS

Bastante modificada foi também a lista de penas aplicadas aos atos de improbidade que atentam contra princípios. Foram suprimidas as sanções de ressarcimento integral do dano, perda da função pública e a suspensão de direitos políticos.

Independentemente das sanções penais, civis e administrativas previstas na legislação específica, está o responsável pelo ato de improbidade que atenta contra os princípios da administração pública sujeito às seguintes cominações, que podem ser aplicadas isolada ou cumulativamente, de acordo com a gravidade do fato (art. 12, III, da LIA):

a. pagamento de multa civil de até 24 vezes o valor da remuneração percebida pelo agente; e

b. proibição de contratar com o Poder Público ou receber benefícios ou incentivos fiscais ou creditícios, direta ou indiretamente, ainda que por intermédio de pessoa jurídica da qual seja sócio majoritário, pelo prazo de até quatro anos.

Foram acrescentados ainda dez parágrafos ao art. 12 da LIA. As principais inovações podem ser assim resumidas:

a. a pena de perda da função pública atinge apenas o vínculo da mesma qualidade ou natureza que o agente detinha na época da infração, podendo o juiz excepcionalmente estendê-la aos demais vínculos (§ 1º);

b. a multa pode ser aumentada até o dobro se o valor simples revelar-se inexpressivo diante a condição econômica do acusado (§ 2º);

c. as penas aplicadas a pessoas jurídicas devem considerar os efeitos econômicos e sociais, viabilizando a manutenção de suas atividades (§ 3º);

d. a sanção de proibição de contratação com o poder público, excepcionalmente, pode estender-se às demais entidades públicas, além da lesada (§ 4º);

e. nos atos de menor potencial lesivo, a sanção deve limitar-se à multa, sem prejuízo do ressarcimento do dano e da perda dos valores acrescidos ilicitamente (§ 5º);

f. se ocorrer lesão ao patrimônio público, a reparação do dano deverá deduzir o ressarcimento ocorrido nas instâncias criminal, civil e administrativa que tiver por objeto os mesmos fatos (§ 6º);

g. as sanções aplicadas com base na Lei de Responsabilidade das Pessoas Jurídicas (Lei n. 12.846/2021) e as da Lei n. 8.429/92 não podem ser aplicadas com "bis in idem" (§ 7º);

h. a aplicação das penas da Lei n. 8.429/92 só pode ser executada após o trânsito em julgado da sentença condenatória (§ 9º).

DECLARAÇÃO DE BENS

Determina o art. 13 da LIA, com redação modificada pela Lei nº 14.230/2021, que a posse e o exercício de agente público ficam condicionados à apresentação da declaração do imposto de renda enviada à Receita Federal, devendo ser atualizada anualmente.

MEDIDAS CAUTELARES

Na ação de improbidade, o Ministério Público poderá, quando for o caso, formular pedido de medida cautelar preparatória ou incidental visando a indisponibilidade dos bens dos réus, para assegurar o integral ressarcimento do dano ou do acréscimo patrimonial resultante do enriquecimento ilícito (art. 16 da LIA).

O pedido de indisponibilidade de bens incluirá, quando for o caso, a investigação, o exame e o bloqueio de bens, contas bancárias e aplicações financeiras mantidas pelo indiciado no exterior, nos termos da lei e dos tratados internacionais.

A indisponibilidade recairá sobre bens que assegurem exclusivamente o integral ressarcimento do dano ao erário, sem incidir sobre os valores a serem eventualmente aplicados a título de multa civil ou sobre acréscimo patrimonial decorrente de atividade lícita.

A indisponibilidade de bens deverá priorizar veículos de via terrestre, bens imóveis, bens móveis em geral, semoventes, navios e aeronaves, ações e quotas de sociedades simples e empresárias, pedras e metais preciosos e, apenas na inexistência desses, o bloqueio de contas bancárias, de forma a garantir a subsistência do acusado e a manutenção da atividade empresária ao longo do processo.

Está proibido expressamente que a indisponibilidade recaia sobre:

a. a quantia de até 40 (quarenta) salários-mínimos depositados em caderneta de poupança, em outras aplicações financeiras ou em conta corrente;

b. bem de família, salvo se comprovado que o imóvel seja fruto de vantagem patrimonial indevida.

Além da decretação de indisponibilidade de bens, a Lei de Improbidade prevê uma segunda medida cautelar, nos termos do art. 20, § 1º, da LIA, isso porque a autoridade judicial poderá decretar o afastamento cautelar do agente público do exercício do cargo, emprego ou função, sem prejuízo da remuneração, quando a medida se fizer necessária à instrução processual.

Somente por ordem judicial ambas as cautelares – indisponibilidade de bens e afastamento preventivo – podem ser decretadas.

Quanto ao prazo de afastamento, no julgamento da Medida Cautelar 19.214, o STJ entendeu que o afastamento cautelar do agente investigado por improbidade é medida excepcional que pode perdurar pelo prazo máximo de 180 dias.

A ação de improbidade administrativa deve ser proposta na primeira instância, e sua tramitação segue o procedimento comum do Código de Processo Civil. A competência para julgamento do feito é do foro do local onde ocorrer o dano ou o domicílio da pessoa jurídica prejudicada.

REQUISITOS DA SENTENÇA NA AÇÃO DE IMPROBIDADE

A Lei n. 14.230/2021 inseriu o art. 17-C na LIA estabelecendo rigorosas exigências a serem observadas na sentença, merecendo destaque os seguintes elementos obrigatórios:

I. Indicação de modo preciso os fundamentos que demonstram os elementos a que se referem os arts. 9º, 10 e 11 da LIA, que não podem ser presumidos;

II. Considerar as consequências práticas da decisão, sempre que decidir com base em valores jurídicos abstratos;

III. Considerar os obstáculos e as dificuldades reais do gestor e as exigências das políticas públicas a seu cargo, sem prejuízo dos direitos dos administrados e das circunstâncias práticas que houverem imposto, limitado ou condicionado a ação do agente;

IV. Considerar, para a aplicação das sanções, de forma isolada ou cumulativa:

a. os princípios da proporcionalidade e da razoabilidade;

b. a natureza, a gravidade e o impacto da infração cometida;

c. a extensão do dano causado;

d. o proveito patrimonial obtido pelo agente;

e. as circunstâncias agravantes ou atenuantes;

f. a atuação do agente em minorar os prejuízos e as consequências advindas de sua conduta omissiva ou comissiva;

g. os antecedentes do agente;

V. Considerar na aplicação das sanções a dosimetria das sanções relativas ao mesmo fato já aplicadas ao agente;

VI. Considerar, na fixação das penas relativamente ao terceiro, quando for o caso, a sua atuação específica, não admitida a sua responsabilização por ações ou omissões para as quais não tiver concorrido ou das quais não tiver obtido vantagens patrimoniais indevidas;

VII. Indicar, na apuração da ofensa a princípios, critérios objetivos que justifiquem a imposição da sanção.

PERDA DA FUNÇÃO PÚBLICA E NOVO CARGO

A Lei nº 14.230/2021 inseriu o § 1º no art. 12 da LIA para solucionar antiga controvérsia a respeito de qual o alcance da pena de perda do cargo. Agora, está expresso que a sanção de perda da função pública, nas hipóteses dos incisos I e II do art. 12, atinge apenas o vínculo de mesma qualidade e natureza que o agente público ou político detinha com o poder público na época do cometimento da infração.

Excepcionalmente, porém, o mesmo dispositivo abre a opção para o magistrado, na hipótese do inciso I (ato que importa enriquecimento do agente) estender a pena aos demais vínculos, consideradas as circunstâncias do caso e a gravidade da infração.

PRESCRIÇÃO

O tema da prescrição para propositura da ação de improbidade foi bastante modificado pela Lei n. 14.230/2021. Agora, por força a nova redação do art. 23 da LIA, o prazo prescricional passa a ser de oito anos contados a partir da ocorrência do ilícito ou, no caso de infrações permanentes, do dia em que cessou a permanência.

Há duas outras inovações relevantes: a) novas hipóteses de interrupção e suspensão do prazo prescricional; b) previsão de prescrição intercorrente.

As circunstâncias que interrompem a fluência do prazo prescricional estão listadas no § 4º do art. 23 da LIA, a saber:

I – Pelo ajuizamento da ação de improbidade administrativa;
II – Pela publicação da sentença condenatória;
III – Pela publicação de decisão ou acórdão de Tribunal de Justiça ou Tribunal Regional Federal que confirma sentença condenatória ou que reforma sentença de improcedência;
IV – Pela publicação de decisão ou acórdão do Superior Tribunal de Justiça que confirma acórdão condenatório ou que reforma acórdão de improcedência;
V – pela publicação de decisão ou acórdão do Supremo Tribunal Federal que confirma acórdão condenatório ou que reforma acórdão de improcedência.

+ EXERCÍCIOS DE FIXAÇÃO

01. (FCC – 2022 – DETRAN-AP – Assistente Administrativo de Trânsito) Relativamente à tipificação de improbidade administrativa, verifica-se que incide

A) em face daquele que induza ou concorra dolosamente para a prática do ato de improbidade, mesmo não sendo agente público.

B) em face daquele que induza ou concorra culposa e dolosamente para a prática do ato de improbidade, mesmo não sendo agente público.

C) quando o agente público der causa culposamente ao ato de improbidade.

D) quando o agente público causar, culposa e dolosamente, prejuízo à Administração.

E) apenas se agente público cometer ato de improbidade que enseje enriquecimento ilícito.

02. (FUMARC – 2023 – AL-MG – Analista Administrativo – Consultor Administrativo) A Lei 8429/1992, com as alterações que definem seu conteúdo atual, NÃO caracteriza como improbidade:

A) Conduta culposa.

B) Conduta de particular.

C) Conduta de servidor dos Poderes Judiciário ou Legislativo.

D) Conduta lesiva a empresas estatais.

» GABARITO

01. Letra A. De acordo com a letra de Lei 8.429/92:

Art. 3º As disposições desta Lei são aplicáveis, no que couber, àquele que, mesmo não sendo agente público, induza ou concorra dolosamente para a prática do ato de improbidade.

02. Letra A. Lei 8.429/92, Art. 1º O sistema de responsabilização por atos de improbidade administrativa tutelará a probidade na organização do Estado e no exercício de suas funções, como forma de assegurar a integridade do patrimônio público e social, nos termos desta Lei.

§ 1º Consideram-se atos de improbidade administrativa as condutas dolosas tipificadas nos arts. 9º, 10 e 11 desta Lei, ressalvados tipos previstos em leis especiais.

172 DIREITO ADMINISTRATIVO

PROCESSO ADMINISTRATIVO

Um processo administrativo é um conjunto de procedimentos formais que são seguidos pelas autoridades administrativas para tomar decisões sobre questões administrativas, tais como licenças, multas, sanções, recursos administrativos, entre outros.

O processo administrativo normalmente segue uma série de etapas, que incluem a abertura do processo, a notificação das partes interessadas, a apresentação de documentos e provas, a realização de audiências, a análise das informações, a elaboração de decisões e a notificação das partes envolvidas.

O processo administrativo tem como objetivo garantir a transparência, a imparcialidade e a legalidade das decisões tomadas pelas autoridades administrativas, assegurando também os direitos das partes envolvidas. É importante ressaltar que o processo administrativo é diferente do processo judicial, que é conduzido pelo Poder Judiciário e segue regras diferentes.

O princípio do devido processo legal está previsto no art. 5º, LIV, da Constituição Federal: "ninguém será privado da liberdade ou de seus bens sem o devido processo legal".

A obrigatoriedade do devido processo não só é aplicável inicialmente à seara jurisdicional, mas também vincula a Administração Pública e o Poder Legislativo.

A Lei 9.784/1999 é uma lei administrativa federal, isto é, suas normas são aplicáveis à administração pública federal, direta e indireta, inclusive aos órgãos dos Poderes Legislativo e Judiciário da União, quando estes estiverem desempenhando funções administrativas (art. 1º, caput, e §1º).

A Lei 9.784/1999, portanto, não obriga estados, municípios ou o Distrito Federal, vale dizer, ela não é uma lei nacional. A Lei n. 9.784/99 contém normas de direito administrativo processual e material. A Lei n. 9.784/99 também é aplicável ao Legislativo e ao Judiciário quando atuarem no exercício de função atípica.

JÚLIA GOMES **173**

PRINCÍPIOS

Os princípios do processo administrativo são as diretrizes básicas que orientam o funcionamento e a condução dos procedimentos administrativos. Esses princípios são fundamentais para garantir a transparência, a legalidade e a justiça dos processos.

Segundo o art. 2º da Lei nº 9.784/99, a Administração Pública obedecerá, dentre outros, aos princípios da: legalidade, finalidade, motivação, razoabilidade, proporcionalidade, moralidade, ampla defesa, contraditório, segurança jurídica, interesse público e eficiência.

A. PRINCÍPIO DA LEGALIDADE

Todos os atos administrativos devem estar em conformidade com a lei e os princípios constitucionais.

B. PRINCÍPIO DA MOTIVAÇÃO

O princípio da motivação obriga a Administração Pública exteriorizar o fundamento de sua decisão. A motivação é o dever imposto ao ente estatal de indicar os pressupostos de fato e de direito que a determinaram para a prática dos atos administrativos. Desse modo, a validade da atuação administrativa depende

A Lei nº 9.784/99, no seu art. 50, estabelece o dever de motivar para oito espécies de processo, com a indicação dos fatos e fundamentos:

× Os que neguem ou afetem direitos ou interesses dos administrados;
× Que imponham ou agravem deveres destes;
× Que decidam processos de concurso ou seleção;
× Que dispensem ou declarem inexigência de licitação;
× Que decidam recurso administrativo;
× Que decorram de reexame de ofício;
× Que deixem de aplicar jurisprudência já firmada ou divirjam de pareceres e fundamentos anteriores;
× Nos casos de revogação, suspensão e convalidação de ato administrativo.

No mesmo art. 50, o § 1º estabelece que a motivação deve ser clara, explícita e congruente, mas admite-se que ela seja remissiva a fundamento anterior que faça parte dos autos.

C. PRINCÍPIO DA OFICIALIDADE

Se refere ao impulso de ofício, sendo um princípio que gera divergência doutrinária, pois uma parcela diz que se faz presente apenas quando o Poder Público atua de ofício. Haveria a possibilidade de instauração do processo por iniciativa da administração, independentemente de provocação de qualquer das partes, além de determinar a produção de provas de ofício, entre outros.

Possui previsão no art. 2º, parágrafo único, XII, art. 5º e art. 29 da Lei nº 9.784/99.

A oficialidade no processo administrativo é muito mais ampla do que o impulso oficial no processo judicial. Ela compreende o poder-dever de instaurar, fazer andar e rever a decisão de ofício. Sendo o processo um meio de atingir o interesse público, haveria uma clara lesão caso o processo não terminasse, além de configurar uma atuação ineficiente.

Nesse sentido, a Súmula 611 STJ: Desde que devidamente motivada e com amparo em investigação ou sindicância, é permitida a instauração de processo administrativo disciplinar com base em denúncia anônima, em face do poder-dever de autotutela imposto à Administração.

D. PRINCÍPIO DO DEVIDO PROCESSO LEGAL

Trata-se de princípio dirigido diretamente ao Estado, indicando que lhe cabe o dever de observar rigorosamente as normas legais que ele mesmo criou (art. 5º, LIV da CF/88). Ou seja, cabe ao administrador realizar o processo de acordo com as regras legais/constitucionais que o regulam (princípio da legalidade).

Mesmo nas hipóteses em que a lei for omissa quanto à determinada etapa do procedimento, o que vai regular a situação será a regra geral ou os princípios, como da proporcionalidade e razoabilidade, que limitarão a discricionariedade do administrador.

E. PRINCÍPIO DA GRATUIDADE

Está previsto no art. 2º, XI, da Lei nº 9.784/99. Trata-se da proibição de cobrança de despesas processuais. Todavia, esta cobrança não poderá implicar empecilho injustificável para a utilização do processo, bem como não poderá se mostrar desarrazoada e impeditiva de acesso ao processo administrativo.

A Súmula Vinculante 21 do STF estabelece ser inconstitucional a exigência de depósito prévio ou de arrolamento de bens para admissão de recurso administrativo.

F. PRINCÍPIO DA AMPLA DEFESA E DO CONTRADITÓRIO

Este princípio está expresso no artigo 5º, inciso LV, da Constituição de 1988: "aos litigantes, em processo judicial ou administrativo, e aos acusados em geral são assegurados o contraditório e ampla defesa, com os meios e recursos a ela inerentes".

Na Lei nº 9.784/99, os princípios da ampla defesa e do contraditório estão mencionados no artigo 2º, entre os princípios a que se sujeita a Administração Pública. O princípio da ampla defesa é aplicável em qualquer tipo de processo que envolva situações de litígio ou o poder sancionatório do Estado sobre as pessoas físicas e jurídicas.

G. PRINCÍPIO DA SEGURANÇA JURÍDICA

O princípio da segurança jurídica vai se justificar para que a atuação da Administração Pública seja previsível, sendo necessária a previsibilidade dos atos administrativos e a estabilização das relações jurídicas.

O art. 54 da Lei nº 9.784/99 consolidou o princípio da segurança jurídica quando estabeleceu que a administração tem o direito de anular os atos administrativos dos quais decorram efeitos favoráveis aos destinatários dentro do prazo de 05 anos.

Após este prazo, haverá decadência dos atos administrativos, salvo se comprovar que o indivíduo agiu de má-fé, caso em que não se observará o prazo de 05 anos.

CONCEITOS DE ÓRGÃO, ENTIDADE E AUTORIDADE

Para os fins da Lei n. 9.784/99, o art. 1º, § 2º, estabelece três definições importantes:

a. órgão: a unidade de atuação integrante da estrutura da Administração direta e da estrutura da Administração indireta;

b. entidade: a unidade de atuação dotada de personalidade jurídica;

c. autoridade: o servidor ou agente público dotado de poder de decisão.

DEVERES DO ADMINISTRADO

Nos termos do art. 4º da Lei n. 9.784/99, são deveres do administrado, perante o Poder Público, sem prejuízo de outros previstos em ato normativo:

a. expor os fatos conforme a verdade;

b. proceder com lealdade, urbanidade e boa-fé;

c. não agir de modo temerário;

d. prestar as informações que lhe forem solicitadas e colaborar para o esclarecimento dos fatos.

INSTAURAÇÃO DO PROCESSO

A Administração Pública, pode sempre agir de ofício, isto é, sem necessidade de provocação. Por isso, o art. 5º da Lei n. 9.784/99 afirma que o processo administrativo pode iniciar-se de ofício ou a pedido do interessado.

O art. 9º da Lei n. 9.784/99 define como legitimados no processo administrativo:

a. titulares dos direitos e interesses que iniciem o processo, podendo ser pessoas físicas ou jurídicas;

b. terceiros interessados que, sem terem iniciado o processo, possuem direitos ou interesses que possam ser afetados pela decisão a ser adotada;

c. organizações e associações representativas, no tocante a direitos e interesses coletivos;

d. pessoas ou associações legalmente constituídas quanto a direitos ou interesses difusos.

DA COMPETÊNCIA

Nos termos do art. 11 da Lei n. 9.784/99, a competência administrativa é irrenunciável e deve ser exercida pelo órgão legalmente habilitado para seu cumprimento, exceto nos casos de delegação e avocação.

Na delegação, um órgão administrativo ou seu titular transferem temporariamente parte da sua competência a outros órgãos ou titulares, ainda que estes não lhe sejam hierarquicamente subordinados, quando for conveniente, em razão de circunstâncias de índole técnica, social, econômica, jurídica ou territorial.

Não podem ser objeto de delegação:

a. a edição de atos de caráter normativo;
b. a decisão de recursos administrativos;
c. as matérias de competência exclusiva do órgão ou autoridade.

A delegação é revogável a qualquer tempo por vontade unilateral da autoridade delegante.

Em sentido contrário, na avocação o órgão ou seu titular chamam para si, em caráter excepcional e temporário, competência atribuída a órgão hierarquicamente inferior.

Cabe ressaltar que o processo administrativo deverá ser iniciado perante a autoridade de menor grau hierárquico para decidir, caso inexista competência legal específica.

FORMA, TEMPO E LUGAR DOS ATOS DO PROCESSO

Em regra, os atos do procedimento administrativo não dependem de forma determinada, salvo se a lei expressamente o exigir, devendo ser apresentados por escrito, em língua vernácula, com a data e o local da sua celebração e a assinatura da autoridade responsável.

Os trabalhos do procedimento administrativo devem ser realizados em dias úteis, durante o horário normal de expediente do departamento onde tramita o processo. Salvo disposição legal em contrário, as ações das autoridades e administradores envolvidos no procedimento devem ser realizadas no prazo de cinco dias, salvo caso de força maior.

Quanto ao local, é preferível que os trabalhos processuais sejam realizados na sede da autoridade competente, informando-se o participante se o local da execução for em outro local.

IMPEDIMENTO E SUSPEIÇÃO

Os arts. 18 e 20 tratam dos tópicos do impedimento e da suspeição. A previsão pelo legislador de hipóteses de impedimento e suspeição visa a preservar a atuação imparcial do agente público no âmbito do processo administrativo, reforçando o princípio da impessoalidade, assim como o da moralidade administrativa.

O art. 18 que é impedido de atuar em processo administrativo o servidor ou autoridade que:

I - Tenha interesse direto ou indireto na matéria;

II -Tenha participado ou venha a participar como perito, testemunha ou representante, ou se tais situações ocorrem quanto ao cônjuge, companheiro ou parente e afins até o terceiro grau;

III - Esteja litigando judicial ou administrativamente com o interessado ou respectivo cônjuge ou companheiro.

A autoridade ou servidor que incorrer em impedimento deve comunicar o fato à autoridade competente, abstendo-se de atuar, sob pena de incorrer em falta grave, para efeitos disciplinares.

O art. 20 estabelece que pode ser arguida a suspeição de autoridade ou servidor que tenha amizade íntima ou inimizade notória com algum dos interessados ou com os respectivos cônjuges, companheiros, parentes e afins até o terceiro grau. O indeferimento de alegação de suspeição poderá ser objeto de recurso, sem efeito suspensivo.

O interessado poderá, mediante manifestação escrita, desistir total ou parcialmente do pedido formulado ou, ainda, renunciar a direitos disponíveis. A sua desistência ou renúncia, porém, não prejudica o prosseguimento do processo, se a administração considerar que o interesse público assim o exige.

O órgão competente poderá declarar extinto o processo quando exaurida sua finalidade ou o objeto da decisão se tornar impossível, inútil ou prejudicado por fato superveniente.

RECURSOS ADMINISTRATIVOS

Os recursos administrativos são uma forma de impugnação de decisões administrativas, ou seja, uma maneira de contestar uma decisão tomada por uma autoridade administrativa. No processo administrativo, as partes interessadas podem utilizar recursos administrativos para questionar decisões que considerem ilegais, injustas ou prejudiciais aos seus interesses.

Os recursos administrativos podem ser apresentados perante a autoridade que proferiu a decisão ou perante a autoridade hierarquicamente superior. A apresentação do recurso suspende os efeitos da decisão até que o recurso seja julgado.

O recurso administrativo tramitará no máximo por três instâncias administrativas, salvo disposição legal diversa (art. 57 da Lei n. 9.784/99).

Os recursos administrativos podem ser interpostos pelos seguintes legitimados:

a. os titulares de direitos e interesses que forem parte no processo;
b. aqueles cujos direitos ou interesses forem indiretamente afetados pela decisão recorrida;
c. as organizações e associações representativas, no tocante a direitos e interesses coletivos;
d. os cidadãos ou associações, quanto a direitos ou interesses difusos.

O prazo para interposição de recurso administrativo é de dez dias, contado a partir da ciência ou divulgação oficial da decisão recorrida, devendo ser decidido, exceto se a lei não fixar prazo diferente, no prazo máximo de trinta dias. Salvo disposição legal em contrário, o recurso não tem efeito suspensivo.

O recurso não será conhecido quando interposto:

a. fora do prazo;
b. perante órgão incompetente;
c. por quem não seja legitimado;
d. após exaurida a esfera administrativa.

Processos administrativos de que resultem sanções poderão ser revistos, a qualquer tempo, a pedido ou de ofício, quando surgirem fatos novos ou circunstâncias relevantes suscetíveis de justificar a inadequação da sanção aplicada (art. 65 da Lei n. 9.784/99).

O art. 64 da Lei n. 9.784/99 assevera que "o órgão competente para decidir o recurso poderá confirmar, modificar, anular ou revogar, total ou parcialmente, a decisão recorrida, se a matéria for de sua competência". O dispositivo não proíbe a reformatio in pejus nos processos administrativos.

CONTAGEM DE PRAZOS

Um capítulo da Lei 9.784/1999 é dedicado às regras sobre a contagem de prazos no processo administrativo federal, as quais são abaixo sintetizadas

a. os prazos começam a correr a partir da data da cientificação oficial, excluindo-se da contagem o dia do começo e incluindo-se o do vencimento;

b. se o vencimento cair em dia em que não houve expediente, ou este foi encerrado antes da hora normal, considera-se prorrogado o prazo até o primeiro dia útil seguinte;

c. os prazos expressos em dias contam-se de modo contínuo;

d. os prazos fixados em meses ou anos contam-se de data a data; se no mês do vencimento não houver o dia equivalente àquele do início do prazo, tem-se como termo o último dia do mês;

e. salvo motivo de força maior devidamente comprovado, os prazos processuais não se suspendem.

+ EXERCÍCIOS DE FIXAÇÃO

01. (CESPE / CEBRASPE – 2023 – PO-AL – Papiloscopista) É vedada a aplicação da Lei n.º 9.784/1999 aos estados e aos municípios, já que ela estabelece normas básicas sobre o processo administrativo no âmbito da administração pública federal.

02. (CESPE / CEBRASPE – 2022 – ANP – Fiscal do Abastecimento – Cargo 9) Em regra, é irrenunciável a competência no âmbito dos processos administrativos, ressalvadas as hipóteses de delegação e de avocação legalmente admitidas.

Certo

Errado

» GABARITO

01. Errado. Súmula 633-STJ: A Lei nº 9.784/99, especialmente no que diz respeito ao prazo decadencial para a revisão de atos administrativos no âmbito da Administração Pública federal, pode ser aplicada, de forma subsidiária, aos estados e municípios, se inexistente norma local e específica que regule a matéria.

02. Certo. Lei 9.784/99. Art. 11. A competência é irrenunciável e se exerce pelos órgãos administrativos a que foi atribuída como própria, salvo os casos de delegação e avocação legalmente admitidos.

AGENTES PÚBLICOS

Agentes públicos são pessoas que ocupam cargos ou empregos públicos e atuam em nome do Estado ou do poder público. Esses agentes têm a responsabilidade de exercer suas funções em prol do interesse coletivo e do bem-estar da sociedade.

Considera-se agente público toda pessoa física que exerça, ainda que transitoriamente ou sem remuneração, por eleição, nomeação, designação, contratação ou qualquer forma de investidura ou vínculo, mandato, cargo, emprego ou função pública.

A expressão "agente público" tem sentido amplo, englobando todos os indivíduos que, a qualquer título, exercem uma função pública, remunerada ou gratuita, permanente ou transitória, política ou meramente administrativa, como prepostos do Estado.

Pode-se conceituar agentes públicos como "todos aqueles que exercem função pública, ainda que em caráter temporário ou sem remuneração".

A Constituição Federal de 1988 tem duas seções especificamente dedicadas ao tema dos agentes públicos: Seções I e II do Capítulo VII do Título III, tratando respectivamente dos "servidores públicos civis" (arts. 37 e 38) e dos "militares dos Estados, do Distrito Federal e dos Territórios" (art. 42).

O gênero agentes públicos comporta diversas espécies:

a. agentes políticos;
b. ocupantes de cargos em comissão;
c. contratados temporários;
d. agentes militares;
e. servidores públicos estatutários;
f. empregados públicos;
g. particulares em colaboração com a Administração (agentes honoríficos).

182 DIREITO ADMINISTRATIVO

O agente manifesta uma vontade que, afinal, é imputada ao próprio Estado. Agentes públicos são, portanto, todas as pessoas físicas que externam, por algum tipo de vínculo, a vontade do Estado, nas três esferas da Federação (União, estados. Distrito Federal e municípios), nos três Poderes da República (Executivo, Legislativo e Judiciário). São agentes do Estado, desde as mais altas autoridades da República, como os Chefes do Executivo e os membros do Legislativo e do Judiciário, até os servidores públicos que exercem funções subalternas.

Servidor público, em seu sentido estrito, é expressão utilizada para identificar aqueles agentes que mantêm relação funcional com o Estado em regime estatutário (legal). São titulares de cargos públicos, efetivos ou em comissão, sempre sujeitos a regime jurídico de direito público.

A expressão empregado público designa os agentes públicos que, sob regime contratual trabalhista (celetista), mantêm vínculo funcional permanente com a administração pública. São os ocupantes de empregos públicos, sujeitos, predominantemente, a regime jurídico de direito privado.

A Constituição vigente abandonou a antes consagrada expressão funcionário público. Na seara do direito penal, todavia, ela ainda é empregada, abarcando todos os agentes que, embora transitoriamente ou sem remuneração, pratiquem crime contra a administração pública, no exercício de cargo, emprego ou função públicos (CP, art. 327).

CLASSIFICAÇÃO DOS AGENTES PÚBLICOS

De acordo com a classificação feita pelo doutrinador Hely Lopes Meirelles (2002), a qual agrupa os agentes públicos em cinco categorias, a saber: agentes políticos, agentes administrativos, agentes honoríficos, agentes delegados e agentes credenciados.

AGENTES POLÍTICOS

Os agentes políticos são os integrantes dos mais altos escalões do poder público. São aqueles que atuam no exercício da função política de Estado, que possuem cargos estruturais e inerentes à organização política do país e que exercem a vontade superior do Estado. Não possuem vínculo contratual do Estado.

Os agentes políticos são detentores de mandato eletivo, por exemplo: são agentes políticos os chefes do Poder Executivo (Presidente da República, go vereadores e prefeitos), seus auxiliares imediatos (ministros, secretários estaduais e municipais) e os membros do Poder Legislativo (senadores, deputados e vereadores). Também se enquadram como agentes políticos os membros da magistratura (juízes, desembargadores e ministros de tribunais superiores), os membros do Ministério Público (promotores de justiça e procuradores da República) e os ministros ou conselheiros dos tribunais de contas e dos conselhos de contas.

Têm como principais características:

a. competências derivadas diretamente da própria Constituição;
b. não sujeição às mesmas normas funcionais aplicáveis aos demais servidores públicos;
c. a investidura em seus cargos ocorre, em regra, por meio de eleição, nomeação ou designação;

Os agentes políticos desfrutam de garantias e prerrogativas expressamente previstas no texto constitucional, que os distinguem dos demais agentes públicos. Não se trata de privilégios pessoais, e sim de instrumentos destinados a assegurar as condições adequadas ao regular exercício de suas relevantes funções.

SERVIDORES PÚBLICOS

Servidor público é o agente público que tem vínculo com a Administração direta ou indireta. É um agente público que recebe a remuneração do Estado.

Os servidores públicos podem ser classificados em:

× Servidores estatutários;
× Empregados públicos;
× Servidores temporários.

SERVIDORES ESTATUTÁRIOS

Servidor estatutário, é aquele que está sujeito a um estatuto. O regime estatutário é o estabelecido pela lei, impondo direito e obrigações do servidor público para com o Estado. Estes servidores ocupam cargos públicos.

Como o vínculo do servidor com a administração pública é estatutário, a competência para julgar a causa é da justiça comum, ainda que as verbas requeridas sejam de natureza trabalhista e relativas ao período anterior à alteração do regime de trabalho.

184 DIREITO ADMINISTRATIVO

EMPREGADOS PÚBLICOS

Empregados públicos são profissionais que trabalham em órgãos e entidades da administração pública, sob regime celetista, ou seja, regidos pela Consolidação das Leis do Trabalho (CLT).

São proibidos de acumularem seus empregos com outros cargos ou empregos públicos, salvo as exceções constitucionais.

São agentes públicos para fins de responsabilização por atos de improbidade administrativa. E enquadram-se na definição de "funcionário público" para fins penais.

Os empregados públicos têm direitos e deveres previstos em lei, como jornada de trabalho, remuneração adequada, férias remuneradas, 13º salário, previdência social, entre outros. Além disso, eles estão sujeitos a regras e normas da administração pública, tais como o código de ética, o estatuto dos servidores públicos e a lei de licitações.

Os empregados públicos, assim como os demais agentes públicos, devem exercer suas funções com probidade, legalidade e eficiência, sempre buscando atender ao interesse público e aos anseios da sociedade. Não se admite a extensão da estabilidade aos detentores de empregos.

SERVIDORES TEMPORÁRIOS

O concurso público é a forma determinada pela CF/88 para a seleção e contratação de pessoal na Administração Pública. Mas há a previsão de duas hipóteses de contratação sem concurso prévio: as nomeações para cargo em comissão declarado em lei de livre nomeação e exoneração (art. 37, inciso II); e a contratação de pessoal por tempo determinado para atender à necessidade temporária de excepcional interesse público (art. 37, IX).

O servidor temporário vai exercer uma função, mas não está vinculado a um cargo e nem a um emprego público.

De acordo com entendimento do STJ é possível a contratação temporária de servidor temporário, ainda que seja para o exercício de atividade permanente, desde que haja uma situação temporária de excepcional interesse público (MS 20.335-DF).

Servidor temporário deverá ser julgado na Justiça Comum, pois o vínculo estabelecido com o Estado é de relação jurídica de direito público.

MILITARES

Os militares são agentes públicos, com previsão na CF/88, mas com regime disciplinado em lei própria. O regime jurídico pelos militares é erigido sob dois pilares hierarquia e disciplina.

São direitos dos militares:

× 13º salário;
× Salário família;
× Gozo de férias remuneradas com um terço a mais;
× Direito a licença gestante e paternidade.

Aos militares é vedada a sindicalização, a greve e a filiação partidária. Quanto à vedação de greve por militares, o STF estende esta vedação aos policiais civis, a despeito de a norma ser restritiva de direitos e da inexistência de óbice explícito ao policial civil (ARE 654.432).

AGENTES HONORÍFICOS

Os agentes honoríficos são pessoas que exercem funções públicas em caráter voluntário e sem remuneração. Eles desempenham atividades de interesse público, geralmente em áreas como saúde, assistência social, cultura, esporte, meio ambiente, entre outras.

Os agentes honoríficos são importantes para a administração pública, pois complementam as atividades desenvolvidas pelos servidores públicos e pelos empregados públicos, contribuindo para a melhoria dos serviços prestados à sociedade. Além disso, os agentes honoríficos representam uma forma de participação popular na gestão pública, promovendo a aproximação entre o poder público e a comunidade.

Apesar de não receberem remuneração, os agentes honoríficos têm direitos e deveres, e devem cumprir com as normas e regulamentos estabelecidos pelo poder público. Dessa forma, é fundamental que os agentes honoríficos estejam cientes da importância de sua atuação e comprometidos com a melhoria dos serviços públicos oferecidos à população.

Eles não têm qualquer vínculo profissional com a administração pública (são apenas considerados "funcionários públicos" para fins penais) e usualmente atuam sem remuneração.

Exemplos: São os jurados, os mesários eleitorais, os membros dos Conselhos Tutelares criados pelo Estatuto da Criança e do Adolescente e outros dessa natureza.

AGENTES DELEGADOS

Os agentes delegados são particulares que recebem a incumbência de exercer determinada atividade, obra ou serviço público e o fazem em nome próprio, por sua conta e risco, sob a permanente fiscalização do poder delegante.

Os agentes delegados podem ser, por exemplo, concessionárias de serviços públicos (como empresas de fornecimento de energia elétrica, água e transporte público), permissionárias (como taxistas e motoristas de aplicativos), empresas que prestam serviços de limpeza urbana e outras atividades de interesse público.

O agente delegado tem o dever de exercer suas atividades de acordo com as normas e regulamentos estabelecidos pela administração pública, cumprindo com as obrigações previstas em contrato ou convênio. Além disso, o agente delegado é responsável pela qualidade do serviço prestado e pela satisfação dos usuários.

A administração pública, por sua vez, deve fiscalizar e monitorar a atuação dos agentes delegados, garantindo que as atividades sejam exercidas de forma adequada e em conformidade com as normas e regulamentos aplicáveis.

Tais agentes sujeitam-se, no exercício da atividade delegada, à responsabilidade civil objetiva (CF, art. 37, § 6°) e ao mandado de segurança (CF, art. 5°, LXIX). Enquadram-se como "funcionários públicos" para fins penais (CP, art. 327). São os concessionários e permissionários de serviços públicos, os leiloeiros, os tradutores públicos, entre outros.

AGENTES CREDENCIADOS

Os agentes credenciados, na definição do Prof. Hely Lopes Meirelles (2002), "são os que recebem a incumbência da administração para representá-la em determinado ato ou praticar certa atividade específica, mediante remuneração do poder público credenciante".

ACUMULAÇÃO DE CARGOS, EMPREGOS E FUNÇÕES PÚBLICAS

Em regra, o ordenamento jurídico brasileiro proíbe a acumulação remunerada de cargos ou empregos públicos. Porém, a Constituição Federal prevê um rol taxativo de casos excepcionais em que a acumulação é permitida. Importante destacar que, em qualquer hipótese, a acumulação só será permitida se houver compatibilidade de horários e observado o limite máximo de dois cargos.

As únicas hipóteses de acumulação constitucionalmente autorizadas são:

a. a de dois cargos de professor (art. 37, XVI, a);
b. a de um cargo de professor com outro técnico ou científico (art. 37, XVI, b);
c. a de dois cargos ou empregos privativos de profissionais de saúde, com profissões regulamentadas (art. 37, XVI, c), inclusive militares (Emenda Constitucional nº 77/2014);
d. a de um cargo de vereador com outro cargo, emprego ou função pública (art. 38, III);
e. a de um cargo de magistrado com outro no magistério (art. 95, parágrafo único, I);
f. a de um cargo de membro do Ministério Público com outro no magistério (art. 128, § 5º, II, d).

Além disso, a Emenda Constitucional n. 101/2019 incluiu o § 3º ao art. 42 da Constituição Federal, estendendo expressamente o direto à acumulação de cargos públicos que prevê o art. 37, inciso XVI, da CF, aos militares dos Estados, DF e dos Territórios.

A proibição de acumular cargos atinge também empregos e funções públicas na Administração Pública indireta, bem como nas suas subsidiárias e sociedades controladas, direta ou indiretamente, pelo Poder Público.

ACUMULAÇÃO E TETO REMUNERATÓRIO

No julgamento dos REsp 612.975 e 602.043, o STF firmou a orientação no sentido de que nas acumulações compatíveis com o texto constitucional:

a. o teto remuneratório aplica-se a cada um dos vínculos separadamente, e não sobre a somatória de ambos os vencimentos;
b. situações remuneratórias consolidadas antes do advento da EC nº 41/2003 não podem ser atingidas pela vinculação do teto à somatória dos vencimentos, em razão das garantias do direito adquirido e da irredutibilidade de vencimentos.

CARGOS, EMPREGOS E FUNÇÕES PÚBLICAS

CARGO PÚBLICO

Cargo público é uma função ou posição existente na estrutura da administração pública, seja ela federal, estadual ou municipal, que é ocupada por servidores públicos.

Os cargos públicos são criados por lei e possuem atribuições específicas, que devem ser cumpridas pelo servidor público que ocupa a posição. O cargo se subdivide em:

×   Cargo efetivo – é o cargo cujo provimento deriva de prévia aprovação em concurso público.

×   Cargo em comissão – é um cargo de livre nomeação e livre exoneração, devendo ser criados por lei, mas apenas para atribuições de direção, assessoramento ou de chefia.

A CF/88 estabelece que a lei vai determinar um percentual mínimo para esses cargos em comissão que devem ser ocupados por servidores de carreira.

EMPREGO PÚBLICO

Emprego público é um local no serviço público, também criado por lei, que também possui atribuição, nomenclatura e remuneração próprias. O emprego público se submete ao regime trabalhista (CLT).

FUNÇÃO PÚBLICA

Função pública é um termo genérico que se refere a qualquer atividade exercida por um servidor público no desempenho de suas atribuições e competências no âmbito da administração pública.

As funções públicas podem estar relacionadas a cargos públicos, empregos públicos ou a outras formas de vínculo empregatício com a administração pública, como as designações temporárias, os contratos de gestão, os convênios, entre outros.

O exercício de uma função pública requer do servidor público o cumprimento de suas atribuições de forma ética, eficiente, legal e impessoal, visando sempre o interesse público e a satisfação da sociedade. Além disso, o servidor público deve observar os princípios da moralidade, da transparência e da responsabilidade na gestão dos recursos públicos. A função pode ser conferida ao cargo, mas também pode ser conferida a alguém que desempenha uma função pública em caráter excepcional.

Os cargos, empregos e as funções públicas só podem ser criados por lei. No entanto, a extinção de cargos e funções públicas, quando vagos, podem se dar por meio de decretos ou por meio de lei. São os chamados decretos autônomos, expedidos pelo chefe do Poder Executivo, já trabalhados no item sobre Poder Regulamentar.

CONCURSO COMO "PRINCÍPIO" E SUAS EXCEÇÕES

O art. 37, II, da Constituição Federal determina que "a investidura em cargo ou emprego público depende de aprovação prévia em concurso público de provas ou de provas e títulos, de acordo com a natureza e a complexidade do cargo ou emprego, na forma prevista em lei, ressalvadas as nomeações para cargo em comissão declarado em lei de livre nomeação e exoneração".

A norma constitucional considera obrigatória a realização de concurso público como condição prévia ao provimento de cargos e empregos públicos, admitindo, entretanto, a possibilidade de a legislação definir os cargos em comissão cuja nomeação independa de concurso público. Exige-se aprovação em concurso público também para exercer os serviços notariais e de registro (art. 236, § 3º, da CF).

VALIDADE DO CONCURSO

Quanto à validade do concurso, nos termos do art. 37, III, da Constituição Federal, será de até dois anos, prorrogável uma única vez por igual período. Com igual teor, o art. 12 da Lei nº 8.112/90: "O concurso público terá validade de até 2 (dois) anos, podendo ser prorrogado uma única vez, por igual período".

O prazo de validade deve ser contado a partir da data de homologação do concurso.

Assim, nada impede que o edital estabeleça um prazo de validade inferior a dois anos. O prazo de validade fixado no edital vincula o período de prorrogação. Assim, por exemplo, pode o edital definir a validade do concurso como de 18 meses. Nesse caso, a única prorrogação possível será obrigatoriamente também de 18 meses.

De acordo com o disposto no art. 37, IV, da Constituição Federal: "durante o prazo improrrogável previsto no edital de convocação, aquele aprovado em concurso público de provas ou de provas e títulos será convocado com prioridade sobre novos concursados para assumir cargo ou emprego, na carreira".

DIREITO SUBJETIVO À NOMEAÇÃO

O inciso III do art. 37 da CF diz que o prazo de validade do concurso público será de até 02 anos, prorrogável uma vez, por igual período. Pode ter prazo de validade de até 1 ano, podendo ser renovado por igual período. O candidato aprovado em concurso público, dentro do número de vagas previsto no edital, tem direito líquido e certo à nomeação. Já o aprovado fora do número de vagas não possui esse direito subjetivo à nomeação, mesmo que surjam novas vagas no prazo de validade do certame.

PERDA DO CARGO DO SERVIDOR ESTÁVEL

Um servidor estável pode perder o cargo público quando estiverem presentes qualquer das hipóteses do art. 41 e 169, §3°, ambos da CF/88. O art. 169, §3°, CF trata justamente sobre a possibilidade de enxugamento de despesas da máquina pública.

Segundo o art. 41, servidor poderá perder o cargo em virtude de sentença judicial transitada em julgado, por ter sido condenado por um crime com pena igual ou superior a um ano, com abuso do poder do cargo, como o crime de facilitação de descaminho, corrupção ou concussão, por exemplo.

Também pode ser demitido mediante processo administrativo, em que lhe seja assegurada a ampla defesa - nesse caso não há necessidade de processo judicial.

Ainda há a hipótese de ser exonerado mediante avaliação periódica de desempenho, assegurada ampla defesa, disposição incluída pela EC 19/98 numa tentativa de desburocratizar a máquina pública, permitindo que servidores sejam exonerados quando não preenchessem certos requisitos de produtividade.

DIREITO DE GREVE

O art. 37, VII, da Constituição Federal assegura aos servidores públicos o direito de greve a ser exercido nos termos e nos limites definidos em lei específica. Como ainda não foi promulgada tal lei, considera-se que a referida norma é de eficácia limitada, podendo ser futuramente restringido o alcance do dispositivo pelo legislador infraconstitucional. Enquanto não houver a referida lei, aplicam-se as disposições concernentes ao direito de greve na iniciativa privada, nos termos da Lei nº 7.783/89.

Para o STF, servidores podem fazer greve com base na Lei n. 7.783/89. Admite-se desconto dos dias paralisados, exceto se a greve foi provocada por conduta ilícita do Poder Público (RE 693.456/RJ).

Porém, policiais militares ou civis ou federais, bem como servidores que atuem diretamente na área de segurança pública, não podem fazer greve (STF ARE 654.432). Trata-se de carreira de Estado, essencial para a segurança pública. Como alternativa para que a categoria possa vocalizar suas reivindicações, os respectivos sindicatos de policiais podem acionar o Judiciário para mediação junto ao Poder Público, nos termos do art. 165 do CPC (STF ARE 654.432).

+ EXERCÍCIOS DE FIXAÇÃO

01. (FCC – 2022 – DETRAN-AP – Assistente Administrativo de Trânsito) No âmbito da Administração Pública, são exemplos de agentes políticos:

A) Prefeitos, Governadores e Servidores Públicos.

B) Governadores, Senadores e Empregados Públicos Comissionados.

C) Prefeitos, Governadores e Senadores.

D) Prefeitos, Senadores e Servidores Públicos.

E) Prefeitos, Senadores e Empregados Públicos Comissionados.

02. (FCC – 2022 – TRT – 17ª Região – ES – Analista Judiciário – Área Judiciária) A Lei nº 8.112/1990 estabelece que o conjunto de atribuições e responsabilidades previstas na estrutura organizacional que devem ser cometidas a um servidor é denominado

A) função.

B) comissionamento.

C) cargo público.

D) prestação de serviço público.

E) provimento.

» GABARITO

01. Letra C. Agentes políticos - São os integrantes dos mais altos escalões do poder público, aos quais incumbe a elaboração das diretrizes de atuação governamental, e as funções de direção, orientação e supervisão geral da administração pública.

São agentes políticos os chefes do Poder Executivo (Presidente da República, governadores e prefeitos), seus auxiliares imediatos (ministros, secretários estaduais e municipais) e os membros do Poder Legislativo (senadores, deputados e vereadores).

02. Letra C. Art. 3 da lei 8.112/90 - Cargo público é o conjunto de atribuições e responsabilidades previstas na estrutura organizacional que devem ser cometidas a um servidor.

BENS PÚBLICOS

CONCEITO

Bens públicos são aqueles que pertencem ao Estado ou às entidades públicas e que têm como finalidade o uso comum do povo ou o interesse público em geral. Eles podem ser classificados em diferentes categorias, a depender do seu destino, utilização e regime jurídico a que estão submetidos.

O art. 98 do Código Civil afirma que "são públicos os bens do domínio nacional pertencentes às pessoas jurídicas de direito público interno; todos os outros são particulares, seja qual for a pessoa a que pertencerem". Entre os administrativistas, porém, o conceito apresentado pelo legislador civil não é aceito por todos os autores.

CLASSIFICAÇÃO

Os bens públicos são tradicionalmente classificados tomando-se em conta três aspectos: quanto à titularidade; quanto à destinação; quanto à disponibilidade.

QUANTO À TITULARIDADE

Os bens públicos, quanto à natureza da pessoa titular, podem ser federais, estaduais, distritais ou municipais, conforme pertençam, respectivamente, à União, aos estados, ao Distrito Federal ou aos municípios, ou a suas autarquias ou fundações de direito público.

BENS FEDERAIS

É um rol exemplificativo, ligado às questões de interesse nacional, levando em conta aspectos como a segurança nacional, a proteção à economia do país, o interesse público nacional e a extensão do bem.

CF/88 Art. 20. São bens da União:
I - os que atualmente lhe pertencem e os que lhe vierem a ser atribuídos;

194 DIREITO ADMINISTRATIVO

II - as terras devolutas indispensáveis à defesa das fronteiras, das fortificações e construções militares, das vias federais de comunicação e à preservação ambiental, definidas em lei

III - os lagos, rios e quaisquer correntes de água em terrenos de seu domínio, ou que banhem mais de um Estado, sirvam de limites com outros países, ou se estendam a território estrangeiro ou dele provenham, bem como os terrenos marginais e as praias fluviais;

IV - as ilhas fluviais e lacustres nas zonas limítrofes com outros países; as praias marítimas; as ilhas oceânicas e as costeiras, excluídas, destas, as que contenham a sede de Municípios, exceto aquelas áreas afetadas ao serviço público e a unidade ambiental federal, e as referidas no art. 26, II;

V - os recursos naturais da plataforma continental e da zona econômica exclusiva;

VI - o mar territorial;

VII - os terrenos de marinha e seus acrescidos;

VIII - os potenciais de energia hidráulica;

IX - os recursos minerais, inclusive os do subsolo;

X - as cavidades naturais subterrâneas e os sítios arqueológicos e pré-históricos;

XI - as terras tradicionalmente ocupadas pelos índios.

§ 1º - É assegurada, nos termos da lei, aos Estados, ao Distrito Federal e aos Municípios, bem como a órgãos da administração direta da União, participação no resultado da exploração de petróleo ou gás natural, de recursos hídricos para fins de geração de energia elétrica e de outros recursos minerais no respectivo território, plataforma continental, mar territorial ou zona econômica exclusiva, ou compensação financeira por essa exploração.

§ 2º - A faixa de até cento e cinquenta quilômetros de largura, ao longo das fronteiras terrestres, designada como faixa de fronteira, é considerada fundamental para defesa do território nacional, e sua ocupação e utilização serão reguladas em lei.

BENS ESTADUAIS/DISTRITAIS

A doutrina aponta ainda: a dívida ativa estadual, prédios estaduais, valores depositados à Fazenda Estadual.

CF/88 Art. 26. Incluem-se entre os bens dos Estados:

I - as águas superficiais ou subterrâneas, fluentes, emergentes e em depósito, ressalvadas, neste caso, na forma da lei, as decorrentes de obras da União;

II - as áreas, nas ilhas oceânicas e costeiras, que estiverem no seu domínio, excluídas aquelas sob domínio da União, Municípios ou terceiros;

III - as ilhas fluviais e lacustres não pertencentes à União;

IV - as terras devolutas não compreendidas entre as da União.

BENS MUNICIPAIS

Bens dos municípios → Critério residual.

Exemplo: Praças, ruas do Município.

IMPORTANTE: no que diz respeito à competência LEGISLATIVA e ADMINISTRATIVA, a Constituição Federal divide em União/Municípios, ficando a competência dos Estados definida pelo critério residual. A titularidade dos bens, o resíduo é para o Município.

QUANTO À DESTINAÇÃO

Considerando o objetivo a que se destinam, os bens públicos classificam-se em:

× bens de uso comum do povo;

× bens de uso especial;

× bens dominicais

BENS DE USO COMUM DO POVO

Destinados ao uso incomum, da coletividade, não havendo distinção de usuários. Ex.: rua, praia, mar, etc. Poderá haver restrições, como a instalação de cancela e cobrança de pedágio, desde que haja justificativa e isto não descaracteriza a natureza do bem.

BENS DE USO ESPECIAL

São aqueles afetados a uma utilização pela administração, podendo ser utilizados pela administração ou por um particular, por meio de um ato unilateral ou bilateral, da administração.

Ex.: permissão do uso, concessão etc. Ou ainda qualquer bem que tenha restrição ou pagamento para determinado bem também terá uma natureza de bem de uso especial. Ex.: sede da prefeitura.

BENS DOMINICAIS

Os bens dominicais são aqueles que pertencem ao Estado, mas que não são utilizados diretamente para a prestação dos serviços públicos ou para o cumprimento das finalidades específicas da Administração Pública. Em outras palavras, são bens que não têm destinação pública definida e que não se enquadram nas categorias de bens de uso comum do povo ou de bens de uso especial.

Alguns exemplos de bens dominicais são imóveis desocupados, veículos sem uso, equipamentos inservíveis e materiais de consumo que não estão sendo utilizados. Esses bens podem ser alienados pelo Estado, mediante processo licitatório, para a iniciativa privada, desde que atendam aos requisitos legais.

QUANTO À DISPONIBILIDADE

Os bens públicos classificam-se em:

× bens indisponíveis por natureza;

× bens patrimoniais indisponíveis;

× bens patrimoniais disponíveis.

Os bens indisponíveis por natureza são aqueles que, dada a sua natureza não patrimonial, não podem ser alienados ou onerados pelas entidades a que pertencem. São bens de natureza não patrimonial, insuscetíveis de alienação pelo poder público.

Os bens de uso comum do povo, como regra geral, são bens absolutamente indisponíveis, como os mares, os rios, as estradas etc.

Os bens patrimoniais indisponíveis são aqueles de que o poder público não pode dispor, embora tenham natureza patrimonial, em razão de estarem afetados a uma destinação pública específica.

São bens patrimoniais indisponíveis os bens de uso especial e os bens de uso comum susceptíveis de avaliação patrimonial, sejam móveis ou imóveis. Exemplos: os prédios das repartições públicas, os veículos oficiais, as escolas públicas, as universidades públicas, os hospitais públicos etc.

O atual Código Civil claramente estabelece que "os bens públicos de uso comum do povo e os de uso especial são inalienáveis, enquanto conservarem a sua qualificação, na forma que a lei determinar."

Os bens patrimoniais disponíveis são todos aqueles que possuem natureza patrimonial e, por não estarem afetados a certa finalidade pública, podem ser alienados, na forma e nas condições que a lei estabelecer.

Os bens patrimoniais disponíveis correspondem aos bens dominicais, porque são exatamente aqueles que nem se destinam ao público em geral (não são de uso comum do povo), nem são utilizados para a prestação de serviços públicos em sentido amplo (não são bens de uso especial).

O vigente Código Civil, claramente, afirma que "os bens públicos dominicais podem ser alienados, observadas as exigências da lei" (art. 101).

COMPETÊNCIA

O art. 22, I da CF/88, estabelece que compete privativamente a União legislar acerca de Direito Civil. Esse dispositivo abarca a competência legislativa sobre os bens públicos.

AFETAÇÃO E DESAFETAÇÃO

Os termos "afetação" e "desafetação" são utilizados em mais de um sentido pela doutrina especializada. Genericamente, tais expressões são usadas para designar a condição estática atual de determinado bem público. Se o bem está vinculado a uma finalidade pública qualquer, diz-se estar afetado; se não tiver tal vinculação, está desafetado.

A afetação é a condição do bem público de servir a um propósito público. Exemplo: o prédio público onde funciona um hospital municipal é um meio de prestação desse serviço.

Desafetação, por outro lado, é a situação para o bem que não está vinculada a um propósito público específico. Exemplo: terrenos baldios de propriedade do Estado.

Tanta afetação e desafetação têm natureza jurídica de fatos administrativos e estão relacionadas com a existência ou não de destinação específica para determinado bem público.

Nesse sentido, ensina José dos Santos Carvalho Filho (2020) "afetação é o fato administrativo pelo qual se atribui ao bem público uma destinação pública especial de interesse direto ou indireto da Administração. E a desafetação é o inverso: é o fato administrativo pelo qual um bem público é desativado, deixando de servir à finalidade pública anterior".

CARACTERÍSTICAS

As principais características dos bens públicos são:

a. inalienabilidade;
b. impenhorabilidade;
c. imprescritibilidade;
d. não onerabilidade.

INALIENABILIDADE

O atual Código Civil vigente esclarece que "os bens públicos de uso comum do povo e os de uso especial são inalienáveis, enquanto conservarem a sua qualificação, na forma que a lei determinar" (art. 100).

Na mesma esteira, o atual Código Civil estabelece que "os bens públicos dominicais podem ser alienados, observadas as exigências da lei" (art. 101). Portanto, como se vê, a inalienabilidade dos bens públicos não é absoluta.

A rigor, atualmente está pacificada a orientação segundo a qual somente são absolutamente inalienáveis aqueles bens que, pela sua própria natureza, não têm valor patrimonial. Seriam esses os bens de uso comum do povo insuscetíveis de valoração patrimonial, como os rios, os mares, as praias. Por essa razão, são chamados de bens indisponíveis.

Os bens públicos dominicais, que são exatamente aqueles que não se encontram destinados a uma finalidade pública específica (afetados), podem ser objeto de alienação, obedecidas as condições previstas em lei.

IMPENHORABILIDADE

A penhora é instituto de natureza constritiva que recai sobre o patrimônio do devedor para propiciar a satisfação do credor na hipótese de não pagamento da obrigação. O bem penhorado pode ser compulsoriamente alienado a terceiros para que o produto da alienação satisfaça o débito do credor.

Os bens públicos são impenhoráveis, não se sujeitam a penhora.

No intuito de garantir a satisfação dos créditos de terceiros contra a Fazenda Pública, reconhecidos em sentença judicial transitada em julgado, está disciplinado, no art. 100 da Constituição Federal de 1988, no sistema próprio de pagamento, denominado regime de precatórios judiciários.

IMPRESCRITIBILIDADE

Os bens públicos, seja qual for a sua natureza, são imprescritíveis, isto é, são insuscetíveis de aquisição mediante usucapião (a aquisição da propriedade decorrente de usucapião é denominada prescrição aquisitiva do direito de propriedade).

Assim, mesmo que um particular tenha a posse pacífica de um bem público pelo tempo necessário à aquisição por usucapião dos bens privados, conforme regulado no direito privado - ou por qualquer período, a bem da verdade -, não adquirirá direito de propriedade sobre esse bem.

A Constituição Federal veda, expressamente, qualquer tipo de usucapião de imóveis públicos, quer localizados na zona urbana (CF, art. 183, § 3°), quer na área rural (CF, art. 191, parágrafo único).

NÃO ONERABILIDADE

Onerar um bem é gravá-lo como garantia, para satisfação do credor no caso de inadimplemento da obrigação. São espécies de direitos reais de garantia sobre coisa alheia o penhor, a anticrese e a hipoteca (CC, art. 1.225).

Os bens públicos não podem ser gravados dessa forma, como garantia em favor de terceiro. Enfim, o credor da fazenda pública não pode ajustar garantia real incidente sobre bem público, sob pena de nulidade absoluta da garantia.

PRINCIPAIS ESPÉCIES DE BENS PÚBLICOS

TERRAS DEVOLUTAS

Segundo o Prof. Hely Lopes (2002), terras devolutas são todas aquelas que, pertencentes ao domínio público de qualquer das entidades estatais, não se acham utilizadas pelo poder público, nem destinadas a fins administrativos específicos.

As terras devolutas indispensáveis à defesa das fronteiras, das fortificações e construções militares, das vias federais de comunicação e à preservação ambiental pertencem à União (CF, art. 20, II). As demais pertencem aos estados-membros (CF, art. 26, IV).

TERRENOS DE MARINHA E SEUS ACRESCIDOS

Terrenos de marinha são as áreas que, banhadas pelas águas do mar ou dos rios navegáveis, em sua foz, se estendem à distância de 33 metros para a área terrestre, contados da linha do preamar médio de 1831.

Terrenos acrescidos de marinha são os que se tiverem formado, natural ou artificialmente, para o lado do mar ou dos rios e lagoas, em seguimento aos terrenos de marinha.

Essas definições defluem dos arts. 2º e 3º do Decreto-Lei 9.760/1946, ainda vigentes, a seguir reproduzidos:

Art. 2º São terrenos de marinha, em uma profundidade de 33 (trinta e três) metros, medidos horizontalmente, para a parte da terra, da posição da linha do preamar médio de 1831:

a. os situados no continente, na costa marítima e nas margens dos rios e lagoas, até onde se faça sentir a influência das marés;

b. os que contornam as ilhas situadas em zona onde se faça sentir a influência das marés.

Parágrafo único. Para os efeitos deste artigo a influência das marés é caracterizada pela oscilação periódica de 5 (cinco) centímetros pelo menos, do nível das águas, que ocorra em qualquer época do ano.

Art. 3º São terrenos acrescidos de marinha os que se tiverem formado, natural ou artificialmente, para o lado do mar ou dos rios e lagoas, em seguimento aos terrenos de marinha.

Os terrenos de marinha e seus acrescidos pertencem à União, por imperativos de defesa e de segurança nacional (CF, art. 20, VII).

FAIXA DE FRONTEIRAS

Faixa de fronteiras é a área de até 150 km de largura, que corre paralelamente à linha terrestre demarcatória da divisa entre o território nacional e países estrangeiros, considerada fundamental para a defesa do território nacional (CF, art. 20, § 2º).

ÁGUAS PÚBLICAS

As águas públicas são aquelas de que se compõem os mares, os rios e os lagos do domínio público.

As águas públicas podem ser de uso comum e dominicais.

São consideradas de uso comum; os mares territoriais; as correntes, canais e lagos navegáveis ou flutuáveis; as correntes de que se façam essas águas; as fontes e reservatórios públicos; as nascentes que, por si sós, constituem a nascente do rio; os braços das correntes públicas quando influam na navegabilidade ou flutuabilidade.

Todas as demais águas públicas, ou seja, aquelas que não se configurarem como de uso comum, são consideradas águas dominicais.

As águas públicas pertencem aos estados-membros, exceto se estiverem em terrenos da União, se banharem mais de um Estado, se fizerem limites com outros países ou se estenderem a território estrangeiro ou dele provierem, hipóteses em que pertencerão à União (CF, art. 20, III).

POSSIBILIDADE DO USO DE BEM PÚBLICO PELO PARTICULAR

Instrumentos estatais de outorga de títulos para que o uso de bens públicos seja utilizado pelo particular

AUTORIZAÇÃO DE USO

A autorização de uso é um instrumento utilizado pela administração para viabilizar a utilização de um bem público pelo particular. Essa autorização é um ato unilateral, que vai independer de uma autorização prévia e legal, bem como irá independer de uma licitação anterior. É um ato discricionário e precário. A autorização é conferida no interesse privado. Ex.: autorizações para comércio por vendedores ambulantes.

PERMISSÃO DE USO

A permissão de uso é um ato unilateral, discricionário e precário, por meio do qual a Administração legitima a autorização exclusiva de um bem público por um particular. A permissão de uso não depende de autorização legislativa, nem de licitação prévia, salvo se houver lei específica nesse sentido, ou quando se tratar de uma permissão qualificada, com prazo certo.

CONCESSÃO DE USO

A concessão de uso é um instituto jurídico que permite que um particular utilize um bem público de forma exclusiva e temporária, mediante o pagamento de uma contraprestação ao poder público. É um instrumento utilizado pela administração pública para fomentar a exploração de bens públicos e promover o desenvolvimento de atividades econômicas em áreas específicas.

Podem ocorrer as seguintes modalidades de concessão de uso:

× Concessão de uso de exploração
× Concessão de simples uso.

Isso vai depender se será conferido ou não ao concessionário o poder de gestão dominial, ou seja, como dono. Por exemplo, haverá exploração como gestão de dono quando há concessão de minas ou de águas.

Haverá concessão de uso quando há concessão das áreas de aeroportos, sepulturas etc. Não é concessão de exploração, pois não se quer angariar qualquer lucro.

A concessão poderá ter caráter temporário (como a concessão de água), ou a concessão poderá ter caráter perpétuo (como a concessão de sepultura). A concessão também poderá ter caráter remunerado ou gratuito.

CONCESSÃO DE DIREITO REAL DE USO

Essa concessão também é um contrato administrativo, em que a administração transfere um direito real de uso. Um direto real de uso de bem público. Por exemplo o direito real de uso de um terreno, do espaço aéreo, etc. A concessão de direito real de uso pode ser gratuita ou remunerada. A concessão de direito real de uso depende de autorização legislativa e prévia licitação, na modalidade concorrência.

+ EXERCÍCIOS DE FIXAÇÃO

01. (FGV – 2022 – TRT – 13ª Região – PB – Técnico Judiciário – Área Administrativa) De acordo com a doutrina de Direito Administrativo, o imóvel próprio onde está instalada a sede do Tribunal Regional do Trabalho da Yª Região, por ser um bem público, goza de determinadas prerrogativas decorrentes do regime jurídico de direito público, como por exemplo

A) impenhorabilidade e imprescritibilidade.

B) alienabilidade incondicionada e impenhorabilidade.

C) penhorabilidade e não-onerabilidade.

D) inalienabilidade e penhorabilidade condicionada.

E) imprescritibilidade e alienabilidade incondicionada.

02. (IBFC – 2023 – Prefeitura de Cuiabá – MT – Apoio Jurídico) Com relação aos bens públicos, assinale a alternativa que apresenta incorretamente uma espécie de bem público.

A) Uso comum do povo

B) Uso especial

C) Dominicais

D) Usufruto

» GABARITO

01. Letra A. As principais características dos bens públicos são a inalienabilidade, a impenhorabilidade, a imprescritibilidade e a não onerabilidade.

02. Letra D. Os bens públicos de uso comum e de uso especial possuem destinação pública e por este motivo são chamados de bens públicos afetados. O bem público dominical não possui destinação pública e é chamado de bem público desafetado. A afetação de um bem público existe por força de sua utilização pela coletividade.

INTERVENÇÃO DO ESTADO NA PROPRIEDADE PRIVADA

O direito de propriedade é um dos pilares fundamentais e uma garantia constitucional que assegura ao seu detentor as prerrogativas de usar, fruir, dispor e reaver a coisa dominada, de modo absoluto, exclusivo ou perpétuo. Neste sentido, o artigo 5º, XXII, garante a todos o direito de propriedade que, conforme disposto no inciso XXIII, deverá atender à sua função social.

O direito de propriedade também pode ser transferido por meio de venda, doação ou herança. Quando isso ocorre, a nova pessoa ou entidade se torna o novo proprietário do bem e adquire os mesmos direitos e obrigações que o proprietário anterior.

Nessa esteira, o art. 1231 do Código Civil dispõe que: "a propriedade presume-se plena e exclusiva, até prova em contrário".

Embora a própria Constituição assegure o direito de propriedade (art. 5º, XXII), trata-se de um direito relativo na medida em que o seu exercício, para ser legítimo, deve se compatibilizar com os interesses da coletividade.

Cabe ao Estado, utilizando os instrumentos de intervenção na propriedade, o papel de agente fiscalizador do cumprimento da função social. O proprietário que desatende aos requisitos da função social incide na prática de ato ilícito, podendo sujeitar-se à imposição de instrumentos sancionatórios de intervenção na propriedade, como é o caso da desapropriação por interesse social com indenização paga em títulos (arts. 182, § 4º, III, e 184 da Constituição Federal).

REQUISITOS PARA CUMPRIMENTO DA FUNÇÃO SOCIAL

Para saber se determinada propriedade cumpre ou não sua função social é necessário identificar inicialmente se trata-se de propriedade urbana ou rural. Considera-se urbano o imóvel destinado predominantemente para fins de moradia, comércio, indústria e serviços. Já o imóvel rural é aquele com predomínio de utilização agrária.

A propriedade urbana cumpre sua função social quando atende às exigências fundamentais de ordenação da cidade expressas no plano diretor (art. 182, § 2º, da CF).

Já a propriedade rural cumpre a função social quando atende simultaneamente, segundo critérios e graus definidos em lei, aos seguintes requisitos (art. 186 da CF):

1. aproveitamento racional e adequado;
2. utilização adequada dos recursos naturais disponíveis e preservação do meio ambiente;
3. observância da legislação trabalhista;
4. exploração que favoreça o bem-estar de proprietários e trabalhadores.

Quanto à propriedade pública, o cumprimento de sua função social, além dos requisitos gerais exigidos para qualquer propriedade, está relacionado com atendimento da afetação específica no caso dos bens de uso especial e do uso múltiplo (multiafetação) característico dos bens de uso comum do povo.

MODALIDADES DE INTERVENÇÃO

Dada a complexidade dos fins perseguidos pelo Estado em prol do interesse público, são diversos os meios de intervenção na propriedade postos à disposição dele.

A doutrina costuma definir a existência de duas modalidades de intervenção do Estado na propriedade, a saber:

a. Intervenção Supressiva → O Estado transfere para si a propriedade de terceiro, suprimindo o direito de propriedade anteriormente existente. Nessa situação, o direito de propriedade do particular é suprimido em face da necessidade pública, podendo ser mediante indenização, ou excepcionalmente, sem qualquer espécie de pagamento.

b. Intervenção Restrita → O Estado impõe restrições e condicionamentos ao uso da propriedade pelo terceiro, sem retirar o direito de propriedade. Nesse caso, o particular conserva seu direito de propriedade, porém não poderá mais exercê-lo em sua plenitude, ficando a utilização do bem sujeita às limitações impostas pelo Estado, de forma a garantir a satisfação das necessidades coletivas.

São os seguintes os meios de intervenção do Estado na propriedade privada, tradicionalmente enumerados pela doutrina:

× servidão administrativa;

× requisição;

× ocupação temporária;

× limitação administrativa;

× tombamento;

× desapropriação.

SERVIDÃO ADMINISTRATIVA

Servidão administrativa é um direito que o poder público tem de utilizar uma área particular para fins de interesse público, como para construção de obras públicas, como rodovias, viadutos, instalações de saneamento básico, entre outros.

Essa servidão é uma limitação do direito de propriedade do particular, pois restringe a utilização da área por ele. No entanto, o proprietário continua sendo o titular da propriedade, podendo utilizá-la para outras finalidades, desde que não interfira na finalidade pública da servidão.

Assevera Hely Lopes (2002), "servidão administrativa ou pública é ônus real de uso imposto pela Administração à propriedade particular para assegurar a realização e conservação de obras e serviços públicos ou de utilidade pública, mediante indenização dos prejuízos efetivamente suportados pelo proprietário".

São três, portanto, as características fundamentais do instituto servidão administrativa: ônus real, incidente sobre um bem particular (imóvel alheio), com a finalidade de permitir uma utilização pública.

São exemplos de servidão administrativa; a instalação de redes elétricas, de redes telefônicas e a implantação de gasodutos e oleodutos em áreas privadas para a execução de serviços públicos etc.

As servidões administrativas podem ser instituídas por duas formas distintas:

a. acordo administrativo;

b. sentença judicial.

As servidões administrativas, por constituírem direito real de uso em favor do Estado sobre propriedade particular, devem ser inscritas no Registro de Imóveis para produzir efeitos contra todos (eficácia erga omnes).

INDENIZAÇÃO

A servidão administrativa implica, tão somente, o direito de uso pelo Poder Público de imóvel alheio, para o fim de prestação de serviços públicos.

A indenização não será pela propriedade do imóvel (não há perda de propriedade, a propriedade não é transferida do particular para o Poder Público), mas sim pelos danos ou prejuízos que o uso dessa propriedade pelo Poder Público efetivamente causar ao imóvel.

REQUISIÇÃO

A requisição administrativa é uma medida que permite ao poder público utilizar temporariamente bens móveis ou imóveis de particulares para atender a uma necessidade pública urgente e inadiável. Essa medida é uma forma de intervenção do Estado na propriedade privada em situações excepcionais, como em caso de calamidade pública, guerra, desastres naturais, entre outras.

Na lição do Prof. Hely Lopes (2002), "requisição é a utilização coativa de bens ou serviços particulares pelo Poder Público por ato de execução imediata e direta da autoridade requisitante e indenização ulterior, para atendimento de necessidades coletivas urgentes e transitórias"

Estabelece o art. 5º, XXV, da Constituição Federal: "no caso de iminente perigo público, a autoridade competente poderá usar de propriedade particular, assegurada ao proprietário indenização ulterior, se houver dano".

Requisição é a utilização transitória, onerosa, compulsória, pessoal, discricionária e autoexecutável de um bem privado pelo Estado em situações de iminente perigo público. Quanto ao regime jurídico aplicável, a requisição pode ser civil ou militar.

São exemplos de requisição comuns em concursos públicos:

1. escada para combater incêndio;
2. veículo para perseguição a criminoso;
3. barco para salvamento;

PRINCIPAIS CARACTERÍSTICAS

Nas palavras do doutrinador José dos Santos Carvalho Filho (2020), as principais características da requisição administrativa:

a. é direito pessoal da Administração;

b. seu pressuposto é o perigo público iminente (na servidão inexiste essa exigência, bastando a existência de interesse público);

c. incide sobre bens móveis, imóveis e serviços (a servidão só incide sobre bens imóveis);

d. caracteriza-se pela transitoriedade (a servidão tem caráter de definitividade);

e. a indenização, somente devida se houver dano, é ulterior (na servidão, a indenização, embora também condicionada à existência de prejuízo, é prévia).

OCUPAÇÃO TEMPORÁRIA

A ocupação temporária é uma modalidade de intervenção do poder público na propriedade privada, que permite a utilização temporária de um bem imóvel ou móvel particular para a realização de obras públicas ou serviços de interesse público. Essa medida é uma forma de intervenção menos drástica que a desapropriação e a requisição administrativa.

Na ocupação temporária, o poder público não adquire a propriedade do bem, mas apenas o direito de uso temporário. Durante o período de ocupação, o proprietário continua sendo o titular da propriedade e pode utilizá-la para outros fins, desde que não prejudique a finalidade pública da ocupação.

Segundo Hely Lopes Meirelles (2002), "essa prerrogativa pode ser transferida a concessionários e empreiteiros, desde que autorizados pela Administração a ocupar terrenos baldios ou propriedades inexploradas, nas proximidades das obras ou serviços públicos a realizar.

Quanto ao motivo, a ocupação difere da requisição, pois dispensa a caracterização de iminente perigo público, podendo ser realizada em qualquer situação de necessidade vinculada a obra ou serviço público.

A respeito da indenização, quando a ocupação for vinculada à desapropriação, o art. 36 do Decreto-lei n. 3.365/41 fala em ocupação remunerada, deve-se considerar obrigatória a indenização. Nas demais hipóteses, a regra é a ausência de indenização, exceto se o proprietário demonstrar algum prejuízo especial decorrente do uso compulsório do bem.

LIMITAÇÕES ADMINISTRATIVAS

As limitações administrativas são restrições ao exercício do direito de propriedade de um bem imóvel ou móvel, impostas pelo poder público para atender a necessidades coletivas e de interesse público. Essas limitações não implicam na transferência da propriedade para o poder público e não geram direito à indenização.

Maria Sylvia Di Pietro (2022) define as limitações administrativas como "medidas de caráter geral, previstas em lei com fundamento no poder de polícia do Estado, gerando para os proprietários obrigações positivas ou negativas, com o fim de condicionar o exercício do direito de propriedade ao bem-estar social".

As limitações administrações derivam do poder de polícia da Administração e se exteriorizam em imposições unilaterais e imperativas, sob a modalidade positiva (fazer), negativa (não fazer) ou permissiva (permitir fazer).

As limitações administrativas devem ser gerais, dirigidas a propriedades indeterminadas.

São exemplos de limitações administrativas: a obrigação de observar o recuo de alguns metros das construções em terrenos urbanos; a proibição de desmatamento de parte da área de floresta em cada propriedade rural; obrigação imposta aos proprietários de efetuarem limpeza de terrenos ou a que impõe o parcelamento ou a edificação compulsória do solo; proibição de construir além de determinado número de pavimentos etc.

TOMBAMENTO

É uma forma de proteção do patrimônio cultural, histórico, artístico, arqueológico e paisagístico de uma determinada região ou país. O tombamento é um ato administrativo que reconhece o valor cultural e histórico de um bem, conferindo-lhe proteção legal para que sua preservação seja garantida.

O tombamento visa a conservação e preservação da própria coisa, e tem natureza de direito pessoal e sua implementação depende, segundo a maioria da doutrina, da expedição de ato administrativo discricionário

No ordenamento jurídico brasileiro, o fundamento do referido instituto é o próprio texto constitucional, cujo art. 216, § 1º, prescreve: "O Poder Público, com a colaboração da comunidade, promoverá e protegerá o patrimônio cultural brasileiro, por meio de inventários, registros, vigilância, tombamento e desapropriação, e de outras formas de acautelamento e preservação".

A disciplina normativa do tombamento é realizada pelo Decreto-lei n. 25/37, que prevê o tombamento voluntário, realizado por iniciativa do proprietário, e o tombamento compulsório, imposto administrativamente se o dono, após notificação, se opuser à inscrição da coisa no Livro do Tombo.

O tombamento pode recair sobre bens móveis ou imóveis, públicos ou privados, cuja conservação seja de interesse da coletividade (art. 1º do Decreto-lei n. 25/37), sendo obrigatória a efetivação do registro de sua instituição no cartório competente.

O tombamento não transforma a coisa tombada em bem público, mantendo-a no domínio do seu proprietário. Nada impede, por isso, que o bem tombado seja gravado com ônus ou encargos, como hipoteca, penhora e penhor, mas sujeita o dono a uma série de restrições extensivas também a terceiros.

DESAPROPRIAÇÃO

Desapropriação é um processo pelo qual o poder público retira a propriedade de um bem de seu titular, seja pessoa física ou jurídica, mediante justa indenização. A desapropriação pode ser realizada quando o bem é necessário para a realização de obras públicas, ou quando se destina à reforma agrária ou à política urbana.

Trata-se da modalidade de intervenção do Estado na propriedade privada na medida em que suprime o domínio do bem expropriado, razão pela qual é o único instrumento de intervenção que garante prévia indenização (art. 5º, XXIV, da CF).

A desapropriação constitui também a única modalidade interventiva na propriedade com natureza jurídica de procedimento administrativo, estando por isso obrigada a garantir contraditório e ampla defesa ao expropriado (art. 5º, LV, da CF).

A desapropriação direta quando o procedimento é realizado de forma lícita, em conformidade com o devido processo legal, especialmente atendendo às regras impostas pela Lei Geral de Desapropriação (Decreto-lei n. 3.365/41).

Já a desapropriação indireta ou apossamento administrativo é o esbulho possessório praticado pelo Estado quando invade área privada sem observância do devido processo legal.

São pressupostos da desapropriação:

a. a utilidade pública ou a necessidade pública;
b. o interesse social.

A utilidade pública é caracterizada em hipóteses nas quais a desapropriação do bem atende a mera conveniência do Poder Público, sem ser imprescindível.

A necessidade pública decorre de situações de urgência ou de emergência, cuja solução exija a desapropriação do bem.

A desapropriação por interesse social é aquela, como o seu nome indica, em que mais se evidencia a importância do preceito segundo o qual a propriedade deve atender à sua função social. Na década de 60 do século passado, a Lei 4.132/1962, ainda em vigor, deixou averbado que "a desapropriação por interesse social será decretada para promover a justa distribuição da propriedade ou condicionar o seu uso ao bem-estar social", enumerando, como exemplos de interesse social, dentre outros, "a construção de casas populares" e "o estabelecimento e a manutenção de colônias ou cooperativas de povoamento e trabalho agrícola".

A Constituição de 1988 classifica como de interesse social a desapropriação rural para fins de reforma agrária, explicitando que a ela está sujeito "o imóvel rural que não esteja cumprindo sua função social".

A regra matriz da desapropriação está no art. 5°, XXIV, da Constituição Federal, que assim dispõe:

> XXIV - a lei estabelecerá o procedimento para desapropriação por necessidade ou utilidade pública, ou por interesse social, mediante justa e prévia indenização em dinheiro, ressalvados os casos previstos nesta Constituição.

COMPETÊNCIA

A competência para legislar sobre desapropriação é privativa da União (CF, art. 22, 11). Essa competência, entretanto, pode ser delegada aos estados e ao Distrito Federal, por meio de lei complementar que os autorize a legislar sobre questões específicas relacionadas a desapropriações de seu interesse (CF, art. 22, parágrafo único). A competência para declarar a utilidade pública ou o interesse social do bem, com vistas à futura desapropriação, é da União, dos estados, do Distrito Federal e dos municípios, porquanto a eles cabe proceder à valoração dos casos de utilidade pública e de interesse social que justifiquem a desapropriação.

Há um caso de desapropriação por interesse social em que a competência declaratória é exclusiva da União: a hipótese de desapropriação por interesse social para o fim específico de promover a reforma agrária (CF, art. 184).

INDENIZAÇÃO

A indenização deve ser prévia, justa e em dinheiro. São esses os princípios aplicáveis à indenização na desapropriação: precedência, justiça e pecuniariedade.

Para ser justa, a indenização deverá abranger não só o valor atual do bem expropriado, como também os danos emergentes e os lucros cessantes decorrentes da perda da propriedade, além dos juros moratórios e compensatórios, da atualização monetária, das despesas judiciais e dos honorários advocatícios.

Entretanto, na desapropriação por necessidade ou utilidade pública, serão deduzidas, dos valores depositados pelo expropriante, as dívidas fiscais, quando inscritas e ajuizadas, incluídas as multas decorrentes de inadimplemento e de obrigações fiscais.

DIREITO DE EXTENSÃO

É o direito do expropriado de exigir que a desapropriação e a respectiva indenização alcancem a totalidade do bem, quando o remanescente resultar esvaziado de seu conteúdo econômico.

O direito de extensão surge no caso de desapropriação parcial, quando a parte não expropriada do bem fica prática ou efetivamente inútil, inservível, sem valor econômico ou de difícil utilização. Para que não fique apenas com a propriedade dessa parte inservível, requer o proprietário que a desapropriação (e a consequente indenização) seja estendida a todo o bem, convertendo-se a desapropriação parcial em desapropriação total.

TREDESTINAÇÃO

Ocorre quando o Poder Público expropriante dá ao bem desapropriado uma destinação diferente daquela que estava prevista no decreto expropriatório.

Há tredestinação ilícita, quando há desvio de finalidade, destinação do bem expropriado a uma finalidade que não atende ao interesse público. Caracterizada a tredestinação ilícita, a desapropriação deve ser considerada nula, com a reintegração do bem ao ex-proprietário - ou, se isso não for possível, com a indenização deste pelos danos emergentes e eventuais lucros cessantes.

A doutrina aponta, a hipótese de tredestinação lícita, em que, mantida a finalidade de interesse público, o Poder Público expropriante dá ao bem desapropriado destino diverso daquele inicialmente planejado

Conforme entendimento do Superior Tribunal de Justiça, "se ao bem expropriado for dada destinação que atende ao interesse público, ainda que diversa da inicialmente prevista no decreto expropriatório, não há desvio de finalidade".

DESAPROPRIAÇÃO RURAL

A desapropriação rural tem por fim transferir para o Poder Público imóvel qualificado como rural, para fins de reforma agrária, ou qualquer outro fim compatível com a política agrícola e fundiária.

A desapropriação rural é espécie de desapropriação por interesse social, prevista nos arts. 184 a 186 da Constituição Federal. Esses dispositivos constitucionais foram regulamentados pela Lei 8.629/1993 e pela Lei Complementar 76/1993.

O fundamento para a desapropriação rural é a exigência de que a propriedade atenda a sua função social. Se a utilização da propriedade rural não é compatível com a função social que ela deve desempenhar, estará ela sujeita a essa modalidade de desapropriação.

A função social é cumprida quando a propriedade rural atende, simultaneamente, segundo critérios e graus de exigência estabelecidos em lei, aos seguintes requisitos (CF, art. 186);

a. aproveitamento racional e adequado;

b. utilização adequada dos recursos naturais disponíveis e preservação do meio ambiente;

c. observância das disposições que regulam as relações de trabalho;

d. exploração que favoreça o bem-estar dos proprietários e dos trabalhadores.

A Constituição considera insuscetíveis de desapropriação para:

a. a pequena e média propriedade rural, assim definida em lei, desde que seu proprietário não possua outra;

b. a propriedade produtiva.

PROCEDIMENTO DA DESAPROPRIAÇÃO

A desapropriação será realizada em duas fases:

× Fase declaratória;

× Fase executória.

FASE DECLARATÓRIA

Na fase declaratória, há a indicação do bem a ser desapropriado e a justificativa da respectiva modalidade de desapropriação.

A caducidade da declaração acontecerá quando a perda da validade da declaração da desapropriação ocorrer. Isso se dá quando o Poder Público, dentro de certo lapso temporal, não promove os atos concretos destinados a efetivar a desapropriação.

São os prazos para a caducidade:

× Desapropriação comum de utilidade pública ou necessidade pública – 5 anos.

× Desapropriação comum de interesse social – 2 anos.

× Desapropriação-sanção para fins de reforma agrária – 2 anos.

× Desapropriação-sanção para fins de reforma urbana – 5 anos.

FASE EXECUTÓRIA

Passada a fase declaratória, inicia-se a fase executória, a qual envolve a estimativa da indenização cabível, cujo pagamento será, em regra, previamente à desapropriação. A fase executiva implicará a consolidação da transferência do bem ao Poder Público. A competência para a aplicação da fase executória poderá ser delegada para entidades da Administração indireta ou para concessionários ou permissionários do serviço público.

A fase executória poderá ser resolvida administrativamente, desde que exista acordo entre as partes.

No processo judicial, o desapropriando somente poderá alegar, na contestação, vício processual ou impugnar o preço da avaliação.

O Ministério Público só se mostra indispensável se a desapropriação for para fins de reforma agrária.

Se houver urgência e se já tiver sido depositada a quantia da avaliação, o juiz poderá ordenar a imissão provisória na posse do bem em favor do desapropriante. Portanto, a imissão provisória se dá antes da transferência da propriedade, estando condicionada a dois fatores:

× Declaração de urgência;

× Depósito do valor da avaliação.

Os juros moratórios têm outra destinação, pois se destinam a recompor a mora, ou seja, o atraso no pagamento da indenização. Esses juros moratórios serão devidos a partir de 1º de janeiro do exercício seguinte àquele em que o pagamento deveria ter sido realizado, sendo devido no montante de 6% ao ano, ou 0,5% ao mês. O desapropriado tem direito a uma justa indenização.

✚ EXERCÍCIOS DE FIXAÇÃO

01. (CESPE / CEBRASPE – 2022 – Prefeitura de Maringá – PR – Procurador Municipal) O direito real público que, objetivando atender o interesse público, permite ao Estado ou a seus delegatários a utilização da propriedade alheia consubstancia o instituto do(a)

A)   requisição administrativa.

B)   tombamento.

C)   servidão administrativa.

D)   limitação administrativa.

E)   ocupação temporária.

02. (FUMARC – 2022 – TRT – 3ª Região – MG – Analista Judiciário – Oficial de Justiça Avaliador Federal) A requisição administrativa exige o seguinte pressuposto de validade:

A)   Competência expressamente prevista em Lei.

B)   Indenização prévia,

C)   Ofício requisitório.

D)   Perigo público iminente.

E)   Processo administrativo.

» GABARITO

01. Lletra C. A servidão administrativa consiste no regime jurídico específico, imposto por ato administrativo unilateral de cunho singular, quanto ao uso e fruição de determinado bem imóvel e que acarreta dever de suportar e de não fazer, podendo gerar direito de indenização.

02. Letra D. Requisição é ato administrativo unilateral, auto executório e oneroso, que consiste na utilização de bens ou serviços particulares pela própria Administração Pública, desde que para atender as necessidade e interesse coletivo em tempo de guerra ou em caso de perigo público iminente (que tem o objetivo de evitar danos à vida, à coletividade, à saúde).

REFERÊNCIAS BIBLIOGRÁFICAS

ALEXANDRINO, Marcelo; PAULO, Vicente. Direito Administrativo Descomplicado. 29. ed. Rio de Janeiro: Método, 2021.

CARVALHO FILHO, José dos Santos. Manual de Direito Administrativo. 34. ed. São Paulo: Atlas, 2020. 2208 p.

CARVALHO, Matheus. Manual de Direito Administrativo. 4. ed. Salvador: Juspodvim, 2017. 1211 p.

JUSTEN FILHO, Marçal. Curso de direito administrativo. São Paulo: Saraiva, 2005.

MAZZA, Alexandre. Manual de Direito Administrativo. 12. ed. São Paulo: Saraivajur, 2022. 1944 p.

MEIRELLES, Hely Lopes. Direito administrativo brasileiro. 27. ed. São Paulo: Malheiros, 2002

MELLO, Celson Antônio Bandeira de. Curso de Direito Administrativo. 26. ed. São Paulo: Malheiros, 2009.

PIETRO, Maria Sylvia Zanella di. Direito Administrativo. 35. ed. Rio de Janeiro: Forense, 2022. 2451 p

SILVA, José Afonso da. Curso de Direito Constitucional Positivo. 28.® Edição. São Paulo: Malheiros, 2007.

SÍTIOS ELETRÔNICOS

BRASIL. Constituição da República Federativa do Brasil de 1988.
Disponível em:http://www.planalto.gov.br/ccivil_03/constituicao/constituicao.htm

BRASIL. Decreto-lei nº 200, de 25 de fevereiro de 1967. Dispõe sobre a organização da Administração Federal, estabelece diretrizes para a Reforma Administrativa e dá outras providências. Disponível em: http://www.planalto.gov.br/ccivil_03/decreto-lei/del0200.htm Acesso em: 17 abril. 2023.

BRASIL. Decreto-Lei nº 2.848 de 7 de dezembro de 1940. Código Penal.
Disponível em: http://www.planalto.gov.br/ccivil_03/decreto-lei/del2848compilado.htm Acesso em: 17 abril. 2023.

BRASIL. Decreto-Lei nº 4.657, de 4 de setembro de 1942. Lei de Introdução às normas do Direito Brasileiro. Disponível em: http://www.planalto.gov.br/ccivil_03/decreto-lei/del4657compilado.htm Acesso em: 17 abril. 2023.

BRASIL. Lei nº 6.830, de 22 de setembro de 1980. Dispõe sobre a cobrança judicial da Dívida Ativa da Fazenda Pública, e dá outras providências. Disponível em: http://www.planalto.gov.br/ccivil_03/leis/l6830.htm Acesso em: 17 abril. 2023.

BRASIL. Lei nº 8.666, de 21 de junho de 1993. Regulamenta o art. 37, inciso XXI, da Constituição Federal, institui normas para licitações e contratos da Administração Pública e dá outras providências.
Disponível em: http://www.planalto.gov.br/ccivil_03/leis/l8666cons.htm Acesso em: 17 abril. 2023.

BRASIL. Lei nº 9.289 de 4 de julho de 1996. Dispõe sobre as custas devidas à União, na Justiça Federal de primeiro e segundo graus e dá outras providências. Disponível em: http://www.planalto.gov.br/ccivil_03/leis/l9289.htm Acesso em: 17 abril. 2023.

BRASIL. Lei nº 9.494, de 10 de setembro de 1997. Conversão da MPv nº 1.570-5, de 1997. Disciplina a aplicação da tutela antecipada contra a Fazenda Pública, altera a Lei nº 7.347, de 24 de julho de 1985, e dá outras providências.
Disponível em: http://www.planalto.gov.br/ccivil_03/leis/l9494.htm Acesso em: 17 abril. 2023.

BRASIL. Lei nº 9.986, de 18 de julho de 2000. Dispõe sobre a gestão de recursos humanos das Agências Reguladoras e dá outras providências. Disponível em: http://www.planalto.gov.br/ccivil_03/leis/l9986.htm Acesso em: 17 abril. 2023.

BRASIL. Lei nº 9.784, de 29 de janeiro de 1999.Vide Decreto nº 10.882, de 2021. Regula o processo administrativo no âmbito da Administração Pública Federal. Disponível em: https://www.planalto.gov.br/ccivil_03/leis/l9784.htm Acesso em: 17 abril. 2023.

BRASIL. Lei nº 10.406, de 10 de janeiro de 2002. Institui o Código Civil. Disponível em: http://www.planalto.gov.br/ccivil_03/leis/2002/l10406compilada.htm Acesso em: 17 abril. 2023.

BRASIL. Lei nº 12.527, de 18 de novembro de 2011. Regula o acesso a informações previsto no inciso XXXIII do art. 5º, no inciso II do § 3º do art. 37 e no § 2º do art. 216 da Constituição Federal; altera a Lei nº 8.112, de 11 de dezembro de 1990; revoga a Lei nº 11.111, de 5 de maio de 2005, e dispositivos da Lei nº 8.159, de 8 de janeiro de 1991; e dá outras providências.

Disponível em: http://www.planalto.gov.br/ccivil_03/_ato20112014/2011/lei/l12527.htm Acesso em: 17 abril. 2023.

BRASIL. Lei nº 13.303, de 30 de junho de 2016. Dispõe sobre o estatuto jurídico da empresa pública, da sociedade de economia mista e de suas subsidiárias, no âmbito da União, dos Estados, do Distrito Federal e dos Municípios. Disponível em: http://www.planalto.gov.br/ccivil_03/_ato2015-2018/2016/lei/l13303.htm Acesso em: 17 abril. 2023.

BRASIL. Lei nº 14.133, de 1º de abril de 2021. Lei de Licitações e Contratos Administrativos. Disponível em: http://www.planalto.gov.br/ccivil_03/_ato2019-2022/2021/lei/L14133.htm Acesso em: 17 abril. 2023.

editoraletramento
editoraletramento.com.br
editoraletramento
company/grupoeditorialletramento
grupoletramento
contato@editoraletramento.com.br
editoraletramento

editoracasadodireito.com.br
casadodireitoed
casadodireito
casadodireito@editoraletramento.com.br